saudades
das
cartas
de
amor

luciana grassano

saudades das cartas de amor

Copyright © 2021 by Editora Letramento
Copyright © 2021 by Luciana Grassano

Diretor Editorial | Gustavo Abreu
Diretor Administrativo | Júnior Gaudereto
Diretor Financeiro | Cláudio Macedo
Logística | Vinícius Santiago
Comunicação e Marketing | Giulia Staar
Assistente Editorial | Matteos Moreno e Sarah Júlia Guerra
Designer Editorial | Gustavo Zeferino e Luís Otávio Ferreira
Capa | Sergio Ricardo
Revisão | LiteraturaBr Editorial
Ilustração da Capa | Alessa Menezes
Diagramação | Renata Oliveira

Todos os direitos reservados.
Não é permitida a reprodução desta obra sem
aprovação do Grupo Editorial Letramento.

Dados Internacionais de Catalogação na Publicação (CIP) de acordo com ISBD

G768s	Grassano, Luciana
	Saudades das Cartas de Amor / Luciana Grassano. - Belo Horizonte, MG : Letramento ; Letramento ; Temporada, 2021.
	118 p. ; 14cm x 21cm.
	Inclui bibliografia.
	ISBN: 978-65-5932-015-8
	1. Literatura brasileira. 2. Crônicas. I. Título.
2021-986	CDD 869.89928
	CDU 821.134.3(81)-94

Elaborado por Vagner Rodolfo da Silva - CRB-8/9410

Índice para catálogo sistemático:
1. Literatura brasileira : Crônicas 869.89928
2. Literatura brasileira : Crônicas 821.134.3(81)-94

Belo Horizonte - MG
Rua Magnólia, 1086
Bairro Caiçara
CEP 30770-020
Fone 31 3327-5771
contato@editoraletramento.com.br
editoraletramento.com.br
casadodireito.com

Grupo Editorial
LETRAMENTO

Dedico todas as crônicas que escrevi na vida ao meu filho Diogo,
por quem sinto um amor tão grande
que é o melhor antídoto para esses tempos tóxicos.

SUMÁRIO

9	NOTA
10	A ALEGRIA É **UM CAMURIM**
12	A FOFOCA NA **SOCIEDADE DE INFORMAÇÃO**
14	A GRANDE DAMA **DA FACULDADE DE DIREITO DO RECIFE**
17	A META DO **MEIRELLES**
19	A NATUREZA **DAS COISAS**
21	A PROPÓSITO **DO MACHISMO**
23	A QUESTÃO É: **QUANTO TEMPO?**
25	COMO SOBREVIVER À **SEMANA PASSADA?**
27	CONSENSO E COERÇÃO **NA POLÍTICA**
29	DO SERTÃO **AO ÁRTICO**
31	É CARNAVAL!
33	EPIFANIA
35	ESCRAVIDÃO **MENTAL**
37	EU SEI QUE VOCÊ **VAI VOLTAR**

39	EU SÓ ABRO A **BOCA QUANDO TENHO CERTEZA**
41	FALAR É **PRECISO**
43	IDEIAS **PERIGOSAS**
45	LIVROS **SUBVERSIVOS**
47	LULA **É POP**
49	MÃE E **FILHA**
51	MELHOR NÃO IR **AO ENCONTRO**
53	MEMÓRIAS
54	MULHERES **E FUTEBOL**
56	NÃO SOMOS **TODOS IGUAIS**
58	NATAL **MAGRO**
60	O BRASIL DE **BOLSONARO**
62	O BRASIL NÃO É **UM PAÍS SÉRIO**
64	O DE CIMA SOBE, O **DE BAIXO DESCE**
66	O DIREITO DE **SER MULHER**
68	O GOLPE **EM VERSOS**
70	ONDAS **REACIONÁRIAS**
72	O PAÍS DAS **DEGOLAS**
74	O PODER DA **ÁGUA SALGADA**
76	O REALISMO **FANTÁSTICO DO GOLPE**
78	O SONHO DA **APOSENTADORIA**
80	PARA SAIR **DA CRISE**
82	PASSEAR COM **AS PALAVRAS**

84	PÓS-VERDADE E **NEOFASCISMO**
87	QUEM PAGA **O PATO?**
89	RETRATOS
91	REVELAÇÃO
92	REVISITANDO **AS FANTASIAS**
94	ROSA
96	SAUDADES DAS **CARTAS DE AMOR**
98	SEJAMOS TODOS **FEMINISTAS**
100	SEXTO **SENTIDO**
102	TEMER GOVERNA **PARA QUEM?**
104	TODAS ELAS, **PARA VOCÊ**
106	UM BREVE CONTO **DE ANO NOVO**
108	UM MAR DE **SARGAÇOS**
110	VALE **TUDO**
112	VIAGEM **LITERÁRIA**
114	VOCÊ GOSTA **DE COMIDA?**
116	AS CRÔNICAS E **SUAS PUBLICAÇÕES ORIGINAIS**

NOTA

Saudades das cartas de amor reúne vários textos que publiquei em jornais pernambucanos e que, por força da necessidade de enquadrá-los em um gênero literário, passarei a referir-me como crônicas. As publicações ocorreram entre agosto de 2015 e dezembro de 2018, no Diário de Pernambuco e no Jornal do Commercio. Todas as crônicas sofreram modificações para esta edição, umas mais, outras menos, e decidi apresentá-las no sumário pela ordem alfabética de seus títulos. Ao final, apresento uma lista com os veículos de imprensa e as datas de suas publicações.

Crônicas expressam reflexões e questionamentos sobre a nossa vida, o nosso cotidiano e, no caso das crônicas aqui reunidas, transbordam reflexões sobre livros que li, opressões que senti, sobre a forma como entendi diversos fatos relacionados à nossa política, à nossa cultura, aos preconceitos de nossa sociedade e à posição da mulher nesse contexto, além de outras crônicas de natureza mais intimista e poética.

Considerando o período em que foram publicadas, entre os anos de 2015 e 2018, são crônicas que trazem em si um saudosismo, daí porque a escolha do título. Na verdade, saudades das cartas de amor reflete a nostalgia de um tempo quando éramos mais felizes.

A ALEGRIA É
UM CAMURIM

Quando penso em Severino, lembro dele sentado à mesa esparramada à sombra da castanheira. Ele sempre escolhia aquela mesa, dentre as outras do bar. Era uma mesa comprida, de madeira gasta e manchada pelo tempo. Sentava-se esguio numa das cabeças da mesa, de onde via a estrada e a entrada do bar.

Eu lhe dizia que precisava passar um verniz pelo menos no tampo da mesa, mas ele sempre deixava para outro dia. Me dizia: Outro dia, Quininha! Outro dia, juro que passo. Mas acho que gostava mesmo era de ralar nela os cotovelos grossos, enquanto pensava segurando a cabeça.

Fazia ali as suas contas e vigiava o movimento do bar. Um bar simples, puxado da nossa casa, à beira da estrada, no caminho para o mar e que sustenta até hoje a nossa família.

Quando não estava no balcão, estava ali, sentado à mesa, com seus cadernos de anotações e uma caneta bic ora a punho, ora em descanso atrás da orelha. E quando nem vigiava o movimento do bar, nem fazia as contas, esquecia-se do mundo com um olhar que eu via fixo e absorto, mas que voltado para dentro fervia, acompanhando o movimento de todos aqueles pensamentos que sempre foram para mim tão alheios.

Tivemos seis filhos, dos quais somente um homem, para tristeza de Severino. Ele era um bom pai, como podia, preocupado que estava com o sustento da família. Do homem se esperava isso, que sustentasse a família. Lembro das crianças tão pequenininhas, vestidas só de calcinhas por conta do calor e apertando nas bocas, distraídas, as chupetas de plástico rosa enquanto brincavam de correr no quintal atrás das galinhas.

O maior ajudava no bar. Eu achava engraçado quando algum cliente mais conversador me perguntava: – Aquele menino moreno é seu filho, dona Quininha? Isso porque Sebastião vivia grudado no Everaldo, neto da vizinha, que era pobre que nem nós, mas branco que nem uma lesma.

Moreno, nada! Sebastião é preto retinto, como é o seu pai Severino. Mas diziam isso por simpatia, como se falar preto fosse ofensa. Eu achava muita graça.

E como os dois se pareciam!

Todas as manhãs, logo cedo, me sentava à mesa de Severino para ver os dois saírem para o mar. Saíam quando mal se via o sol. Era ainda meio noite meio-dia, quando se iam. Levavam pendurados nos ombros um samburá de cipó com anzóis e linha, além da pesada tarrafa de pescaria. Às vezes, Sebastião carregava um pacote de pão doce debaixo do braço, para matar a fome da maresia.

Eu os via atravessar a estrada com a tranquilidade de quem conhece bem os caminhos. E logo desapareciam dentro do mato alto cuja trilha caminhava para o mar. Vez por outra demoravam mais a voltar. Mas quando chegavam tinham sempre nos olhos o lampejo que dá quando se vê o deslumbramento.

Eu hoje sei que os meus melhores dias eram aqueles quando os avistava de longe empunhando o peixe como um troféu ganho na pescaria. Eu os esperava de pé à porta do bar e mal despontava Severino do lado de cá da estrada, já ia gritando para mim as suas palavras de glória: – Mulher, espia só o tamanho desse camurim!

A FOFOCA NA SOCIEDADE DE INFORMAÇÃO

A tecnologia tem tornado o mal banal. Pela educação que recebi na infância, fazer fofoca era coisa feia. A lição era: se alguém lhe contar alguma coisa, não saia por aí espalhando... E ser fofoqueira era um atributo negativo, digno de pessoas não confiáveis. O engraçado é que tenho ouvido cada vez menos esse adjetivo. Ser fofoqueira tornou-se coisa rara!

Refletindo sobre o tema, entendi que tal ofício encontra-se em desuso, quase em fase de extinção. Hoje as pessoas não precisam se valer das fofoqueiras para espalhar as fofocas "do bem", tipo: Fulana já vai viajar de novo para Europa... Nem para espalhar as fofocas maldosas, do tipo: Sicrana não tem jeito, já engordou de novo... Está tudo estampado nas redes sociais. Até aí tudo bem.

Mas a tecnologia tem acabado com a interpretação pessoal do fofoqueiro. Ou seja, a lógica da brincadeira do telefone sem fio que descredenciava a fofoca não existe mais. E sabem por que? Porque as fofocas do mal hoje em dia são feitas pela voz da própria pessoa que está na berlinda. Depois dos *cell phones*, dos *smart phones* e dos *i phones*, nós nunca sabemos para quantos interlocutores estamos falando. Se soubéssemos, talvez falássemos menos, ou mais... E o que me espanta é que as pessoas não parecem entender que essa conduta é um desvio moral. É tão banal gravar uma conversa, que não pode ser uma traição, uma deslealdade, uma trapaça.

Uma outra coisa que também tem me intrigado muito é o atual *status* de benfeitor do dedo-duro. Quantas vezes não servi de álibi e viajei sem viajar com amigas, só para acoitar um final de semana romântico com o recente namorado? E eu dizia: Não se preocupe, que não abro a boca nem sob tortura! Porque Zé Ramalho, naquela época, já teorizava que é na tortura que toda carne se trai.

Com as recentes denúncias vazadas pela imprensa nacional sobre as delações premiadas de tantos réus confessos, na operação Lava-Jato, voltei a refletir sobre a deduragem, agora institucionalizada, estimulada e premiada.

Foram tantos os alvos dos inúmeros réus confessos, entre vivos e mortos, e sempre tão fácil falar, sem ter que provar, que a cada dia me espanto mais com a facilidade com que se condena nesse país, e também com a facilidade com que se transforma um réu confesso em benfeitor, ao ponto de se dar tanta credibilidade as suas palavras sem qualquer checagem e confirmação prévias.

Para mim, é uma completa inversão de valores. O inverso da democracia, o inverso da liberdade, o inverso do devido processo legal, o inverso da presunção de inocência e o inverso do princípio que assegura que não existe culpado antes do trânsito em julgado da sentença penal condenatória.

E eu que comecei esse texto dizendo que ser fofoqueira tornou-se coisa rara...

A GRANDE DAMA DA FACULDADE DE DIREITO DO RECIFE

Escrevo esse artigo a pretexto de fazer uma reflexão para responder a uma entrevista que me fez uma aluna de iniciação científica da Faculdade de Direito do Recife. A aluna pesquisa a obra de filosofia penal da professora Bernadette Pedrosa, sob a ótica da violência psicológica contra a mulher em Pernambuco e a importância do protagonismo feminino, no âmbito acadêmico e profissional.

Bernadette Pedrosa foi a primeira mulher a ser admitida como docente na Faculdade de Direito do Recife, em 1965. Foi também defensora pública e uma professora incomparável e inesquecível, para várias gerações de estudantes de graduação. Foi minha professora e posso assegurar que para a minha geração transmitiu um exemplo de competência, altivez, seriedade, compromisso e dignidade. É indiscutivelmente a grande dama da Faculdade de Direito do Recife.

Na entrevista, a aluna me perguntou: 1. A senhora enfrentou obstáculos, por ser mulher, para se tornar a primeira diretora da FDR?; 2. A senhora já sofreu algum tipo de violência psicológica em ambiente de trabalho? Ou conhece algum ocorrido que possa relatar sem identificação dos envolvidos na relação?

Eu fui diretora da Faculdade de Direito do Recife por quase dez anos. Por um período mais curto, em que assumi a direção *pro tempore* e por dois mandatos consecutivos, em que fui eleita para dirigir a Faculdade entre abril/2007 e abril/2015. E tenho consciência de que realizei uma excelente gestão, reconhecida por tudo que deixei como legado de meu trabalho de liderança e do trabalho de todos que me ajudaram, em benefício da preservação e da memória da nossa Faculdade.

Considero graves os obstáculos e as violências psicológicas que enfrentei enquanto diretora da Faculdade de Direito do Recife, que eu podia então compreender pelo pioneirismo de uma mulher efetivamente assumir as rédeas da nossa Faculdade, mas sinceramente, o que me escandaliza, mais ainda, são os constrangimentos por que passei mesmo após ter sido diretora por dois mandatos, e mesmo depois do quanto me dediquei ao bem da nossa comunidade acadêmica, o que apenas confirma que a violência psicológica contra a mulher é uma questão enraizada em nossa cultura.

E torno públicos esses constrangimentos recentes porque esse assunto precisa deixar de ser velado e passar a estar nas rodas de conversa, para que possa ser melhor assimilado pela nossa sociedade.

O primeiro episódio aconteceu em uma reunião de departamento. Um colega, professor doutor como eu, dirigiu-se a mim num diálogo que mantínhamos sobre ser de direita ou de esquerda, e disse: – Eu sempre fui de direita, mas se tivesse sido de esquerda quando estudante teria "comido" mais gente. É claro que eu o repreendi e disse que não aceitava o uso daqueles termos, nem muito menos aceitava os termos daquele pensamento preconceituoso que a sua fala sugeria. E até hoje me pergunto que obrigação eu tenho de escutar um comentário desses de um colega de trabalho, que certamente não usaria esses termos em casa, se conversasse com sua mulher. Na minha opinião, entretanto, esses termos deveriam ser reservados à alcova, em especial a matrimonial. Se os homens fossem menos garanhões em público e mais garanhões em suas alcovas, talvez os casais fossem mais felizes em nossa sociedade.

O outro episódio aconteceu em uma reunião do colegiado de pós-graduação, quando surgiu a oportunidade de eu desenvolver um trabalho de pesquisa em conjunto com um professor doutor, como eu. Um outro professor doutor, como nós, que estava na reunião não se fez de rogado e disse: — Ahh se a esposa dele souber disso!... É claro que eu bati na mesa, me disse ofendida e exigi um pedido de desculpas porque a fala insinuava que eu estaria disponível para outras aproximações não profissionais, o que indiscutivelmente é uma violência inaceitável contra mim, em meu ambiente de trabalho.

Eu acho importante relatar esses episódios porque parte da violência que a mulher sofre provém da ideia equivocada de que a mulher só está disponível. A mulher só pode estar disponível ou não. Ela pode, inclusive, não estar disponível para você. E se ela estiver disponível para você; ela vai encontrar uma forma de mostrar a você isso. Portanto, não seja grosseiro e se quiser uma mulher, trate-a com respeito.

A META DO
MEIRELLES

Li hoje, no Diário de Pernambuco, uma fala do ministro da Fazenda Henrique Meirelles, que me fez rir. Tenho esse traço, rio nas situações mais imprevisíveis. Acho que o riso mantém a minha serenidade. Realmente, recomendo. Nas desgraças, o riso pode ser mais libertador que o palavrão. Certamente é mais libertador que o choro. Mas melhor mesmo é associar o riso ao palavrão. Pense numa catarse!

As palavras do ministro: "Vou repetir aquilo que já disse em agosto do ano passado. Se for necessário aumentar imposto, será aumentado, se for necessário contingenciar ainda mais, será contingenciado. O nosso compromisso é com cumprir a meta".

O povo? Que se dane o povo, porque o importante é cumprir a meta. Por exemplo, uma das metas é que a inflação tem que baixar. Não interessa se ela baixa por causa da recessão, do desemprego, porque as pessoas não estão comprando, porque a economia não está girando. Claro que isso não importa, porque o que importa é cumprir a meta.

Outra meta: o país tem que arrecadar mais. Não importa quem vai pagar essa conta, porque o que importa é cumprir a meta. E a meta são números, contas e tudo o que há de mais asséptico possível, onde claramente não se inclui a ideia de povo. Se o sistema tributário brasileiro é regressivo, é injusto, onera mais quem tem menos... Isso definitivamente não importa. Porque o compromisso do governo é com cumprir a meta.

E o contingenciamento? Contingenciar significa controlar despesas. Que despesas contingenciar? Claro que as despesas com o povo, porque nesse caso, o mais é sempre menos. Apesar de maior em número o povo é pouco, muito pouco em peso político, em especial para um governo que não se preocupa com o voto popular, que nunca teve, mas só com os votos do Parlamento, para juntos se locupletarem.

Frequento em Boa Viagem uma academia de ginástica que se autodenomina "Espaço de Metas". Quando cheguei por lá, anos atrás, me perguntaram: Lu, qual a sua meta? Eu disse: ah... Eu quero emagrecer, secar, definir, aumentar minha força, minha resistência aeróbica e acima de tudo, ter saúde. Eu tenho também esse traço, penso grande!

Vez por outra fazem uma avaliação física em mim, e vejo que dependendo da época – porque a vida da gente não é um mar de rosas e de calmaria, ora estou mais magra, ora estou mais forte, ora estou com mais fôlego, mas posso afirmar que sempre me senti com mais saúde.

Essa deveria ser a meta do ministro da economia: dar mais saúde ao Brasil. Mas para isso ele precisaria ser um pouco mais sociólogo; ele precisaria ser um pouco mais interdisciplinar. E enxergar para além dos números.

Porque o Brasil está muito doente, sim, mas o remédio amargo não deveria ser dado ao povo, com o aumento de impostos e corte de gastos sociais. Até porque o povo já está sobrevivendo à base de morfina – poderoso narcótico de alto poder analgésico usado para aliviar dores severas.

O remédio amargo deveria ser dado para diminuir os privilégios e interesses dos rentistas, do agronegócio, dos grandes conglomerados empresariais, dos grupos monopolistas da mídia brasileira, e de todos aqueles que os representam. Isso se o governo estivesse preocupado com o povo (rs).

A NATUREZA
DAS COISAS

Me recordo de uma missa que assisti na igreja do Bonfim, na Bahia. Os alto falantes externos à igreja levavam as palavras do padre a toda a gente que subiu a ladeira, e as fitinhas amarradas no gradil davam um colorido bonito àquele cenário que mistura a palavra do evangelho com as imagens dos orixás, venerados pelas baianas do entorno.

Sou católica e tenho um pequeno santuário em casa, que coloquei sobre o aparador da sala e à sombra de um belo coqueiral, assinado por José Cláudio. Quando era criança costumava ir à igreja da Penha com minha avó, para receber a bênção de São Félix, e não dispenso o escapulário ou um pingente do espírito santo no pescoço. Mas em minha varanda tenho a imagem de Iemanjá, vestida de azul e branco, sempre olhando para o mar.

O sincretismo religioso tão presente no Brasil me acalma e anima. É um alento para esses tempos sombrios e intolerantes. A convivência do catolicismo com as religiões africanas e o espiritismo, tão percebida em nosso dia a dia, nos faz lembrar que mais que a crença, importa o amor que está no coração das pessoas.

Recentemente estive na Casa de Fernando Pessoa, em Lisboa, e conheci dois brasileiros que também visitavam o acervo. Um deles é do interior de São Paulo, o outro é cearense, e ambos são espíritas. Estava sentada em uma das salas, enquanto lia as poesias escritas nas paredes, quando escutei uma conversa ruidosa se aproximando. Assim que descobriram que também eu era brasileira, puxaram duas cadeiras e me incluíram no papo.

Ambos se tornaram espíritas em razão de grandes perdas afetivas: as mortes prematuras da mulher e da filha. O cearense adora Fernando Pessoa e me dizia acreditar que os 136 autores fictícios inventados pelo escritor eram a expressão escrita de mensagens ditadas pelos espíritos. Como a esta altura eu já havia visitado a biblioteca particular de Fernando Pessoa, era para mim muito evidente como o escritor alimentava a sua genialidade e imaginação.

Para mim, o ponto alto da conversa foi quando o cearense me disse que estava preparando uma *playlist* para ser tocada em seu velório. Queria que ficassem todos bem, já que ele teve uma vida feliz, e me disse ainda que sua ideia era escolher cem músicas e que, a cada dez músicas tocadas, queria que fosse repetida a canção "Maluco Beleza", de Raul Seixas.

É claro que eu também comecei a pensar quais músicas gostaria que tocassem em meu velório. Maria Bethânia e Chico Buarque estarão lá, com certeza. Mas acho que a última música será uma canção popular, escrita por Accioly Neto.

Já posso mesmo ver meus amigos, tristes, sentados, batendo com os pezinhos no assoalho, ao ritmo da música, e balançando também as cabeças de um lado para o outro. Quem sabe um casal mais entrosado se arrisque até a dançar o forró em minha homenagem enquanto escutam a voz de Flávio José cantando pelo spotify: " Se avexe não/ Amanhã pode acontecer tudo/ Inclusive nada/ Se avexe não/A lagarta rasteja até o dia/ em que cria asas/ Se avexe não/ Que a burrinha da felicidade/ Nunca se atrasa/ Se avexe não/ Amanhã ela para/ Na porta da sua casa…"

A PROPÓSITO DO MACHISMO

Já fui, inúmeras vezes, vítima de machismo. Aliás, somos vítimas, diariamente, todas nós. Pode parecer estranho que eu diga isso, já que todos os graus acadêmicos que obtive foram por reconhecimento de mérito; já que todos os cargos públicos que ocupei, até hoje, foram ou por concurso público ou por mandato eletivo. Mas o machismo não enxerga o mérito; nem enxerga a legitimação, seja por concurso público, seja por mandato eletivo. O machismo não respeita o valor e a liberdade da mulher.

Vou contar apenas uma história real, porque não disponho de linhas suficientes para contar todas de que me lembro. Isso aconteceu há pouco menos de dez anos atrás, quando tinha sido recém empossada no mandato de diretora da Faculdade de Direito do Recife / UFPE.

Como diretora, presidia o conselho departamental, instância máxima de deliberação do centro acadêmico, que congrega os departamentos e as coordenações de graduação e pós-graduação em direito. Necessariamente, grande parte das deliberações dos colegiados dos departamentos e das coordenações de graduação e pós-graduação precisavam da chancela do conselho departamental, para terem seu rito considerado regular pelas instâncias da reitoria. Ou seja, importantes deliberações dessas instâncias acadêmicas precisavam passar por mim, antes de ir para a reitoria. E quando não passavam, os processos voltavam para que a irregularidade fosse sanada.

Nunca impus qualquer obstáculo e raramente me opunha às deliberações dos colegiados, mas ainda assim os processos seguiam sem passar pelo conselho departamental e, é claro, chegavam na reitoria para, em seguida, retornarem à direção da Faculdade. Em um desses inúmeros casos em que o processo voltou para mim, liguei para o professor interessado e lhe sugeri que encaminhasse, por ofício, a deliberação para que eu a submetesse ao conselho. Quando recebi o ofício, o professor o havia encaminhado à Bela. Luciana Grassano Melo.

É claro que eu imediatamente liguei para ele e fiz o registro de seu equívoco, dizendo: – Professor, o senhor pode se referir a mim como professora, diretora ou doutora, mas o grau de bacharela eu já superei há muitos anos. Ao que ele me respondeu rindo: – Luciana, eu escrevi Bela. no duplo sentido... E eu precisei lembrá-lo de que não existe duplo sentido nas relações institucionais. Parece uma besteira, mas não é. E além de não ser uma besteira, é muito cansativo ter que diariamente reafirmar a nossa condição de profissionais competentes e legitimadas para o exercício do cargo que ocupamos.

Conto essa história pessoal, a pretexto de repudiar o estupro que sofreu a adolescente no Rio de Janeiro. Chocou-me o estupro e a passividade de tantos homens expectadores que, estupradores ou não, presenciaram a violência e não levantaram uma voz para impedir a sua prática, e ainda a publicaram em redes sociais.

A QUESTÃO É: QUANTO TEMPO?

Dizem que o tempo resolve tudo. Sobre isso, tenho muitas dúvidas. Acho que devemos estar muito atentos à passagem do tempo, porque o tempo trilha um caminho que, se passar muito tempo, pode se tornar um caminho sem volta.

Recentemente eu tive uma boa experiência com a passagem do tempo, mas nem sempre é assim. Reconciliei-me com um amigo querido, depois de quase dois anos de relação interrompida. E aí eu me perguntei: Foi o tempo que nos reconciliou? Não, a passagem do tempo, necessariamente, influenciou a nossa reflexão e autocrítica, mas se não tivéssemos feito um movimento em direção ao outro, a passagem do tempo poderia ter estabelecido uma distância sem volta entre nós.

Faço essa introdução para refletir sobre a única boa notícia que saiu da política a semana passada: Em Davos, contradizendo o ministro da Fazenda Henrique Meirelles, a diretora-geral Christine Lagarde afirmou que o FMI está revendo seus conceitos e passou a adotar uma postura crítica a políticas econômicas concentradas em austeridade fiscal e desconectadas de seus impactos sociais: "Não sei por que as pessoas não escutaram (que a desigualdade é nociva), mas, certamente, os economistas se revoltaram e disseram que não era problema deles. Inclusive na minha própria instituição, que agora se converteu para aceitar a importância da desigualdade social e a necessidade de estudá-la e promover políticas em resposta a ela", disse a francesa, segundo relato da BBC.

O FMI está revendo seus conceitos que remontam à década de 90, a partir de quando as regras do "Consenso de Washington" foram usadas para consolidar o receituário de caráter neoliberal, e cujos críticos afirmam que levou à desestabilização econômica e ao aumento das desigualdades sociais na América Latina.

Foi o tempo que fez o FMI rever os seus conceitos? Na verdade, o tempo mostrou o caos imposto ao mundo pelas políticas econômicas de austeridade fiscal e desconectadas de seus impactos sociais. A exclusão social promovida por essas políticas econômicas favoreceram o Brexit e o populismo nacionalista e conservador de Trump.

O tempo também mostrou um Brasil diferente quando, a partir de 2003, essa ideia de hoje do FMI, de aceitar a necessidade de estudar a desigualdade social e promover políticas em resposta a ela, já era implementada pelo nosso governo de então que conseguiu êxitos notáveis na diminuição da fome e das desigualdades sociais no país.

O nosso governo de hoje, entretanto, vai na contramão dos conceitos agora defendidos pelo FMI e estabelece uma política econômica de austeridade fiscal e claramente desconhecedora de qualquer preocupação com políticas de inclusão social.

O tempo resolve tudo? Acho que não. A questão é: Quanto tempo o Brasil suportará esse atual governo, sem que esse mesmo governo venha a consolidar o perigo e a tentação de um populismo reacionário e autoritário entre nós? Pouco tempo. Muito pouco tempo. É por isso que já está mais que na hora de irromper o grito por Diretas Já!

COMO SOBREVIVER À SEMANA PASSADA?

Chegamos ao fim de uma semana difícil. Foi tanta notícia de ódio, que o meu coração se entristeceu e se ressentiu.

Tantas notícias fúnebres vindas da boate Pulse, em Orlando, onde um americano de 29 anos matou sozinho 49 pessoas e feriu outras 53, vítimas de um ataque em massa que já bateu recorde para ganhar o terrível *status* do mais mortal incidente de violência contra pessoas LGBT, nos Estados Unidos.

Outras notícias de ódio vieram do Reino Unido, onde um inglês de 51 anos atirou diversas vezes e esfaqueou em plena rua e à luz do dia a deputada Joanne Cox, que estava em campanha contra a saída do Reino Unido da União Europeia (BREXIT). Em resposta ao pedido de confirmação de seu nome feito pela Corte de juízes que o julgarão pelo assassinato, ele disse: "Meu nome é: Morte aos traidores e liberdade para Grã-Bretanha".

No Brasil, não tivemos notícias trágicas de estupro coletivo como em semanas anteriores, mas nos entristecemos do mesmo jeito, com um governo interino – ilegítimo e impopular, com mais um ministro que caiu por corrupção, com o inusitado estado de calamidade pública decretado no Rio de Janeiro às vésperas das olimpíadas, com a sujeira que mela o atual governo e seus apoiadores a que tivemos acesso a partir da divulgação do depoimento de Sérgio Machado, ex-diretor da Transpetro: notícias sórdidas de dinheiro sujo que serviu para enriquecimento pessoal, para comprar apoio de políticos, para campanhas eleitorais milionárias, tudo isso parte de um cenário de mercantilização das eleições, em que centenas de milhares de reais soam como modestos trocados, enquanto pessoas morrem de frio nas ruas de São Paulo.

Com tudo isso, me senti submersa num mar de tristeza e tive que procurar ajuda nas drogas que uso para sentir algum conforto. Fui mais vezes correr na praia. Está provado que a corrida nos deixa mais fortes, também, psicologicamente. Todas as vezes, corri escutando samba que adoro e que ajuda também, pois a música atua como um tipo de droga legal para melhorar o desempenho, dando mais resistência, mais energia e maior capacidade de ignorar e superar a dor.

Comprei a coletânea *Todos os Contos*, da escritora Clarice Lispector, e fui logo reler Felicidade Clandestina, que amo. Conta a história de uma menina "gorda, baixa, sardenta e de cabelos excessivamente crespos, meio arruivados" que "possuía o que qualquer criança devoradora de histórias gostaria de ter: um pai dono de livraria."

De manhã cedo, no fim de semana tomei um banho de mar. Em Boa Viagem mesmo, bem no rasinho. Molhei a cabeça e boiei o corpo, só por um tempinho, sem medo de tubarão. Também comi meia pamonha, com queijo de coalho assado e um café bem quentinho.

E, fuçando fotos no *Instagram*, me deparei com uma imagem linda que evocou em mim antigas memórias da floração dos jacarandás, que nesses meses caem nas ruas e jardins e, misturados com a terra ou o gramado, formam uma mancha de cor roxa, bem viva, cujo espetáculo nos faz lembrar que as estações mudam e que o mundo da natureza, como o dos homens, tem seu ritmo e seu tempo a que se esperar.

CONSENSO E COERÇÃO NA POLÍTICA

O que muito tem-me assombrado hoje no Brasil é a extrema tolerância com o uso excessivo de força e de violência desnecessárias na cena política, como por exemplo as situações ocorridas na semana passada, quando a Polícia Federal preparou uma operação de guerra, com o uso de fuzis e homens com roupas camufladas para cumprir mandado de busca e apreensão na sede de um partido político, no centro de São Paulo. Ou quando mais uma vez um juiz usurpou a competência do Supremo Tribunal Federal, e deu ordem para realizar busca em apartamento funcional de Senadora da República.

Buscando leituras que me ajudassem a entender melhor esse meu assombro, encontrei um livro do professor David Runciman, que ensina Ciência Política em Cambridge, Inglaterra. O livro se intitula, simplesmente: Política. E faz um paralelo entre a Dinamarca, país que segundo qualquer standard histórico pode ser considerado um paraíso: onde a vida é confortável, rica, segura e duradoura, e a Síria, país que se parece com um tipo de inferno: a vida é assustadora, violenta, imprevisível, empobrecida e para muitos sírios, curta.

Runciman afirma: "A diferença entre Dinamarca e Síria é política. A política tem ajudado a Dinamarca a se tornar aquilo que é. E a política tem conduzido a Síria a ser como é". Ele acrescenta que dizer que a política faz a diferença não é o mesmo que afirmar que a política é responsável por todo o bem que se manifesta em um determinado lugar ou por todo o mal que ali se evidencia.

Entretanto, na Dinamarca, o bom funcionamento das instituições políticas dependeu da escolha que a população fez: escolhas adotadas pelos políticos e pelos eleitores – escolhas de que leis abraçar e de como obedecê-las. E é exatamente essa escolha que torna possível que uma mesma palavra – política, compreenda sociedades tão diferentes como a Dinamarca e a Síria.

A Dinamarca e a Síria não representam o paraíso e o inferno, ou a essência da política e a falência da política, respectivamente, mas representam os diferentes lados da política e o seu ponto de conexão reside no controle da violência, que é o coração da política. Ou seja, o que caracteriza a política é a relação no tempo entre o consenso e a coerção, melhor dizendo, a política "pressupõe um acordo coletivo relativamente ao uso da força. Graças a este acordo, a força nem sempre é necessária. E porque existe a força, o acordo nem sempre é suficiente". Este é exatamente o ponto de inflexão entre a Dinamarca – que é uma sociedade fortemente consensual, apesar de ter um exército, força policial e um sistema carcerário e a Síria, que é uma sociedade fortemente coercitiva.

Não estou com isso querendo comparar o Brasil com a Dinamarca ou a Síria, mas claramente nossa sociedade vive tempos em que todos percebemos que as coisas não vão bem. E a marca da força e da violência está se tornando bastante evidente e excessiva. É chegado o tempo em que o Supremo Tribunal Federal precisa se posicionar firmemente em relação a que uso da força é admissível, pois somente assim as instituições políticas podem funcionar.

O que limita o uso da força é o consenso e o nosso consenso é o respeito pela Constituição Federal e pelos direitos e liberdades fundamentais. Do contrário, o uso da força é que limitará o consenso, o que poderá levar a violência a níveis tão elevados que a possibilidade de acordo atingirá um nível mínimo. E isso é tudo o que não desejamos.

DO SERTÃO
AO ÁRTICO

Li *Vidas Secas* (1938), de Graciliano Ramos, no início da adolescência. À época, líamos os clássicos por obrigação escolar.

Não lembrava o rumo da história, nem o nome dos personagens, exceto pela cachorra Baleia, que foi uma das imagens que construí através de uma descrição precisa, detalhada, mágica e com forte carga emotiva elaborada pela sensibilidade de um grande escritor.

Há tempos não pensava nela! Até que, visitando a Fenearte, deparei-me com o *stand* de um artista pernambucano que expunha seu trabalho, na ala dos mestres.

É claro que comprei uma de suas esculturas para mim e coloquei-a na sala, junto à cadeira de leitura.

Baleia me vigiava, me "tucaiava", me intrigava e começou a criar vida em minha imaginação.

Tive uma vontade imensa de reler o livro. Comprei-o no aeroporto, a caminho de Montreal, no Canadá e tive tempo de sobra para terminá-lo ainda no avião.

Cheguei a Montreal "matutando" sobre a estória. Outras imagens fortes se somaram às da cachorra Baleia, como a de Fabiano que "montado, confundia-se com o cavalo, grudava-se a ele. E falava uma linguagem cantada, monossilábica e gutural, que o companheiro entendia".

E Sinhá Vitória que enfrentava as injustiças da natureza e dos homens, ora de pés descalços, ora cambaleando em cima de seus sapatos de verniz vermelho e que, alimentada a família, tinha o sonho de dormir numa cama de couro, como a de Seu Tomás da Bolandeira.

E essa história se misturava com outras que escutava em Montreal, como a do rio St Laurence que congela durante o inverno, ao ponto de as pessoas patinarem e jogarem *hockey* sobre ele; do "*ice wine*", digestivo produzido a partir de uvas congeladas e da cultura aborígena dos *inuit*, comumente conhecidos como esquimós.

Quando penso nos extremos, do sertão ao ártico, os reveses da natureza são igualmente severos: excesso de seca e excesso de gelo.

A injustiça dos homens é que é menor!

Vincent, meu guia até Ottawa, ao responder-me que prédio imenso era aquele que eu lhe apontava, disse-me: "É daquele tamanho para caber todo o dinheiro de nossos impostos. Pago muito e recebo pouco para o que pago. Mas vivemos em um capitalismo social e me sinto feliz de saber que os nossos pobres não vão precisar me roubar ou roubar a minha casa, porque vivem com um mínimo de conforto que eu ajudo a bancar".

Eu apenas sorri, e aquiesci com a cabeça.

É CARNAVAL!

Sempre tive uma queda pelo Homem-Aranha. Dia desses fiz um *selfie* com ele, numa dessas prévias do carnaval. Gosto muito da ideia do super-herói "*self made*", que começou sua carreira de personagem fictício como um adolescente órfão, criado pelos tios, alter-ego de Peter Parker, que por trás da máscara vermelha e azul com que combate os inimigos, esconde as suas inseguranças de gente como a gente, e suas obsessões com a rejeição e a solidão.

Stan Lee deu ao seu personagem super poderes que adquiriu após ter sido mordido por uma aranha radioativa. E a partir de sua aptidão para a ciência, agregou às super força, agilidade e habilidade para aderir à maior parte das superfícies, os poderes que inventou por si próprio, como o lança teia. Mas de todos, o que mais me agrada é o sentido aranha, que o possibilita a reagir precognitivamente ao perigo.

Pudemos acompanhar toda sua saga nas revistas em quadrinhos, e mais tarde nos filmes que mostravam a história de vida do super-herói que, de um estudante de ensino médio, passou pela universidade, tornou-se um professor e mais tarde um fotógrafo independente. Um super herói sem mentor, e que em sua trajetória de vida aprendeu sozinho que "com um grande poder vem sempre uma grande responsabilidade".

Faz gosto de ver a tradicional descida do Homem-Aranha pela caixa d´água da Compesa, em Olinda, na concentração do bloco carnavalesco Enquanto isso na sala de justiça. O lugar é mágico e a cena, memorável. Este ano me fantasiei de Gwen, para a prévia do bloco da Mulher na Vara. Infelizmente, a vara ficou muito pouco tempo no salão, senão acho que teria sido uma experiência marcante a mulher do Homem-Aranha frevar na vara segurada por homens gentis, que mesmo sem lança-teias não deixam as moças caírem no chão do salão e das ladeiras de Olinda.

Por falar nas ladeiras de Olinda, elas estão completamente tomadas de gente. Vi isso domingo, no ensaio do bloco Acho é pouco. Confesso que estava exausta, mas não podia perder de ver os pais e mães foliões ensinarem desde cedo seus filhos a gostarem de nossa cultura popular, a terem consciência política e a resistirem. Foi lindo ver o dragão vermelho e amarelo vestindo a camisa "Fora Temer", e liderando nossos protestos pela cidade alta.

Sinceramente, não sei como vou estar ao chegar o carnaval, mas acho que particularmente este ano faz bem a nós, brasileiros, termos um carnaval tão longo. Isso porque a nossa quaresma promete ser muito penosa.

Nós, simples brasileiros, que pecamos tanto durante o carnaval, celebrando a vida, encontrando os amigos, dançando, bebendo, fantasiando, de forma tão verdadeira e irreverente; Nós, pernambucanos, que somos todos, um pouco, Amantes de Glória e que reverenciamos a Pitombeira, que dá fruta besta que se compra com qualquer tostão, já, muito em breve, teremos que encarar a Quarta-Feira de Cinzas, início da quaresma, com suas admoestações.

E enquanto fazemos os nossos exames de consciência, por uma cerveja a mais ou um amor a menos, sabemos que a *via-crucis* que nos está sendo imposta tem muito pouco de nossa responsabilidade, até porque não temos grandes poderes.

O problema é que a política do Brasil não amadurece, e o nosso povo não tem a chance de crescer e de se educar, para exigir maiores responsabilidades daqueles que têm maiores poderes. Acho que o ato mais heróico do Homem-Aranha foi ter aprendido que "com um grande poder vem sempre uma grande responsabilidade". É exatamente essa a noção que falta aos homens de dinheiro e às autoridades brasileiras. Isso e decência.

EPIFANIA

Gosto do mar com ondas. Quando viajo, além dos afetos, o que mais sinto falta é do banho de mar.

De estirar a canga na areia molhada e segurar suas pontas com o peso das sandálias sobre elas, e sobre ela sentar e receber no corpo o calor do sol como um abraço que se procura e se pede, e que por isso nos envolve.

Nunca uso óculos escuros. E sempre que me deito sobre a canga na praia, repito silenciosamente os versos de Fernando Pessoa: "Quem está ao sol e fecha os olhos,/ Começa a não saber o que é o sol/ E a pensar muitas coisas cheias de calor./ Mas abre os olhos e vê o sol,/ E já não pode pensar em nada,/ Porque a luz do sol vale mais que os pensamentos/ De todos os filósofos e de todos os poetas./A luz do sol não sabe o que faz/E por isso não erra e é comum e boa". E enquanto repito silenciosamente esses versos, faço o exercício de fechar e abrir os olhos ao sol para sentir na pele o testemunho do poeta.

Gosto de praias com largas faixas de areia, em que possa sentar-me e observar as pessoas caminhando, as crianças escavando a terra, os pescadores jogando a rede, a pelada, o frescobol... Gosto da paisagem em movimento, das folhas dos coqueiros balançando com o vento, das ondas rebentando nos arrecifes ou virando um mar de espuma ao alcançarem a margem.

Gosto de saber que existem as marés e que muito em breve as ondas vão estar para além dos arrecifes e que se quiser me banhar, vou ter que me sentar no raso das piscinas de água salgada, que se formam do lado de cá.

Gosto de caminhar para dentro do mar e mergulhar inclinando o corpo para frente, atravessando a onda para em seguida colocar de volta os pés no chão e jogar pra trás o cabelo molhado, na tentativa de evitar que o sal da água que escorre sobre o rosto encontre os meus olhos que estão abertos porque anseiam poder ver tudo.

Gosto de boiar e para isso fecho os olhos para sentir o movimento das ondas levando o corpo para longe da canga que deixei na praia. Depois, relaxada, gosto de dar as costas ao mar e sair triunfante, cheia de júbilo e frescor. E de tão distraída e cheia de mim, não perceber a onda grande que se forma e que com força golpeia as minhas costas e me faz embolar dentro d'água para depois levantar-me e sorrir para a natureza, que mais uma vez me mostra como somos pequenos diante de seu poder.

ESCRAVIDÃO
MENTAL

"Ninguém além de nós mesmos pode libertar nossas mentes" é um verso que escuto da Canção de Redenção, entoada por Bob Marley. Incluí-a em minha *playlist* recentemente, apesar de lembrar-me muito dela do passado.

A escravidão mental é um tema tratado muitas vezes por Noam Chomsky em sua obra, em que ele afirma: "quando as pessoas quiseram ter liberdade suficiente para não serem escravizadas ou assassinadas ou oprimidas, desenvolveram-se naturalmente novos modos de controle que tentaram impor formas de escravidão mental, para que elas aceitassem um quadro de doutrinação, sem fazer perguntas. Quando se consegue fazer as pessoas caírem na armadilha de nem notar doutrinas fundamentais – questioná-las, então, nem se diga-, elas já terão sido escravizadas."

Chomsky se refere a um sistema de propaganda que não revela seus princípios ou intenções e que atua, precipuamente, através da televisão que nos impõe, por meio da repetição, certos limites fixos de pensamento. Para ele, a televisão e seu sistema de propaganda propõem um quadro de referência e as pessoas apenas aceitam-no, muitas vezes sequer sem percebê-lo, outras sem refletir sobre ele ou questioná-lo.

Libertar nossas mentes da escravidão exige um esforço de pensamento, reflexão, contextualização e investigação. É um trabalho duro e permanente. Costumo dizer aos meus alunos que o que mais espero deles é que sejam capazes de formular perguntas. Costumo dizer que espero deles muito mais perguntas de que respostas, porque o esforço de reflexão se desenvolve através de um trabalho de questionamento e de formulação de novas perguntas.

É isso que faz o conhecimento ser inesgotável: as perguntas e o dissenso, nunca as respostas e o pensamento único. As respostas existem para serem repensadas e reanalisadas, através de novos ciclos de perguntas e de questionamentos.

E o nosso grande aliado para libertar nossas mentes é o livro. E ler um livro é pensar sobre ele. É marcar os trechos que mais chamaram a nossa atenção, voltar a essas partes, questionar-nos sobre as associações que fazemos a partir da leitura, identificar como podemos inserir as ideias do livro em nosso contexto de realidade. Ou seja, ler um livro é um exercício intelectual que estimula o pensamento, os questionamentos e a imaginação.

Preocupo-me com o futuro do livro numa cultura dominada pela imagem. Meu filho assiste a vários filmes e séries, vê diversos vídeos no *Youtube* e lê poucos livros, se comparado com o que eu lia quando tinha a sua idade. É certo que sou contemporânea dos vídeos cassetes e que a internet no Brasil iniciou em 1988, quando eu tinha a idade dele, mas temo que essa guinada tão radical venha a rebaixar a cultura intelectual.

Porque ter cultura intelectual não significa ter informação e referências. Ter cultura intelectual significa ter capacidade de reflexão e pensamento crítico.

De meu lado, posso assegurar que as melhores conversas que tive foram com algumas dezenas de bons livros que li. Foram essas conversas que tive com os livros que li, que me tornaram capaz de formular as melhores perguntas. E é justamente conversando com os bons livros, que impedimos que os nossos pensamentos sejam controlados.

EU SEI QUE VOCÊ
VAI VOLTAR

Depois de todas as falas e imagens que acompanhei durante esse fim de semana, acho que as palavras que povoam o pensamento de milhões de brasileiros indignados com a prisão do ex-presidente Lula são essas: Eu sei que você vai voltar.

Eu sei que você vai voltar!

Se seus algozes esperavam nostalgia, apatia, medo e sujeição, receberam o contrário: indignação, luta, valentia, resistência e um povo dominado por um sentimento de altivez, semelhante ao orgulho de quem se reconhece do lado de quem luta pela justiça e contra o arbítrio das instituições do Estado.

Lula, que foi condenado por convicção, foi mandado para a cadeia por uma maioria de 6x5, com o voto de uma ministra que envergonha a causa da democracia e do direito, e que deixa para a História mais um testemunho de tudo o que a Justiça não deve ser: Vota Rosa Weber: "Como vocês sabem, sou contra a prisão em segunda instância, mas no caso específico de Lula, vou acompanhar vocês e ser a favor da prisão em segunda instância. Mas já adianto aqui, para deixar bem claro, que quando formos votar a regra que vai valer para todo mundo, votarei contra a prisão em segunda instância porque prisão em segunda instância é inconstitucional".

De onde menos se espera, daí é que não sai nada mesmo... Mais uma vez se confirma o ditado popular, que já nos mostrava que não se podia esperar coerência de quem no passado afirmava: "Não tenho prova cabal contra *Dirceu* – mas vou condená-lo porque a *literatura* jurídica me permite".

Que Poder Judiciário é esse, que condena sem prova? Que Poder Judiciário é esse, que condena porque a sua convicção ou a literatura jurídica permite? Que Poder Judiciário é esse, que se acha maior que a Constituição da República Federativa do Brasil que, com todas as letras, garante aos cidadãos brasileiros: "Ninguém será considerado culpado até o trânsito em julgado da sentença penal condenatória" (art. 5º, LVII).

Acima de tudo, lamento pelo nosso sistema de Justiça. Lamento pelo seu exibicionismo, pelo seu partidarismo, pela sua incivilidade, pela sua insensibilidade e pela sua parcialidade. Para usar um outro ditado popular, quem muito se abaixa, os fundos aparecem e por isso acho que consagramos o único caso no mundo em que a presidenta da Suprema Corte é homenageada por um cafetão que cumpre promessa de distribuir cerveja de graça pela prisão de Lula, e que presta suas homenagens a Moro e Carmen Lúcia, gabando-se de ser um sexagenário rico que já transou com 2.700 mulheres.

Herta Muller, em seu livro Tudo o que tenho levo comigo, faz a seguinte aproximação: "Com exceção da fome, na cabeça das pessoas somente a nostalgia é tão rápida como o cimento. E ela nos rouba da mesma forma, e podemos afogar-nos nela também. Parece-me que na cabeça das pessoas apenas uma coisa é mais rápida do que o cimento – o medo".

Eu sei que você vai voltar Lula, porque você não é feito de nostalgia e medo e, por isso, a sua matéria não é cimento; você é livre como o ar. É um homem que mesmo preso, jamais será cativo. Por isso, eu sei que você vai voltar.

EU SÓ ABRO A BOCA QUANDO TENHO CERTEZA

Isso não quer dizer que eu não erre. Isso quer dizer que eu tenho a humildade de reconhecer quando não estou segura. Por isso eu posso dizer que só abro a boca quando tenho certeza. E não arroto sapiência e cultura que eu não tenha. Meus amigos, meus alunos e meu filho sabem o quanto recorro ao *Google* durante uma conversa, ou mesmo a eles próprios. Acho natural que esqueçamos uma palavra, ou o nome de um autor, ou o ano de um importante evento histórico. E isso se resolve fácil hoje em dia. É só dar um *google*, e estão lá disponíveis incontáveis registros para ajudar-nos a só abrir a boca quando temos certeza.

Meu filho, por exemplo, costumava achar que eu tinha a resposta para tudo, e me fazia perguntas impossíveis de serem respondidas sem que eu desse um *google*. Sinceramente, não acho que recorrendo ao *Google* esteja mostrando fragilidade ou ignorância a ele, muito pelo contrário. Acredito que estou transmitindo desde cedo o valor da pesquisa, da honestidade intelectual e do respeito pelo ouvido alheio. Digo a ele, sem problema: – Filho, não tenho certeza. Vamos pesquisar!

Costumo explicar a ele que com o passar dos anos, vamos acumulando muitas histórias na cabeça e também muitas pessoas conhecidas, muitos livros lidos, filmes assistidos, lugares visitados e que vez por outra a nossa cabeça dá um *reset* e muitas informações são esquecidas, simplesmente porque não tem espaço para gravar tudo, salvo em mentes de pessoas privilegiadas.

Tenho um tio que é assim. Ele tem uma memória invejável, como têm também algumas amigas de infância que quando nos encontramos parece até que foram elas que viveram a minha infância por mim, de tanto que lembram do que na minha cabeça já se perdeu há muito tempo.

Não acho que esquecemos o que não teve importância. Acho que esquecemos o que durante anos não precisamos usar ou referir. O fato de até hoje encontrar-me com frequência com as minhas amigas de infância já mostra que as histórias em comum foram importantes para mim. Se marcaram menos a minha memória, marcaram mais o meu coração.

Voltei a pensar sobre isso porque me veio à cabeça o quadro da Ofélia e Fernandinho, do programa humorístico Zorra Total. Quem lembra? Ela dizia as maiores barbaridades (e ele não ficava muito atrás), e falava todas elas com a simplicidade de quem tem muito conhecimento de causa. Era tão espontânea, que algumas vezes eu mesma me confundia. E coroava o fim do episódio com um sonoro: " Eu só abro a boca quando tenho certeza".

Mas era um programa humorístico. Lembrei-me dele em razão de um episódio recente da nossa política. O presidente Temer, que diz ter uma mulher discreta, deveria seguir o seu exemplo. Abrir a boca sem ter certeza, para mim, é o pior tipo de indiscrição. Não sei se lamento mais o mau uso que ele faz das mesóclises ou o erro grosseiro de sua mais recente afirmação: " — Eu me sinto aqui como Carlos Magno. Quando eu tinha 11 anos de idade, eu ganhei um livro chamado "Carlos Magno e os 12 cavaleiros da Távola Redonda" e eu li aquele livro e era assim: os doze cavaleiros".

Quando eu li a sua entrevista, me deu vontade de dizer: — Vamos pesquisar, presidente!

FALAR É
PRECISO

Fomos educados a calar. Fomos educados a não levantar a voz. Rebeldia é coisa de adolescente e quem reclama muito se torna uma pessoa chata. E quem critica não é uma pessoa consciente, mas uma pessoa polêmica. E quem quer a pecha de ser uma pessoa polêmica? Silenciar é bem-comportado. Faz menos ruído. Dizem que mostra que você é uma pessoa tolerante.

O silêncio é a árvore de onde nascem ou renascem os frutos do continuísmo, do abuso e da opressão. É por isso que falar é preciso, até porque muitas vezes não é lícito esquecer nem calar. Porque se calamos o nosso testemunho diante do que consideramos injustiça, quem falará? Certamente não falarão os que consideramos culpados, nem seus cúmplices.

Uma sociedade tolerante não é uma sociedade conivente com o silêncio. Uma sociedade tolerante é uma sociedade receptiva às mais diversas falas. E falar, na maioria das vezes, é um ato de coragem, porque é um ato de exposição.

Nas democracias, a fala é essencial e necessária. Porque é próprio das democracias a ideia de que devemos atingir os nossos objetivos pela persuasão, e não pela força. Como é próprio dos regimes autoritários e fascistas a marca do abuso de poder, em que um manda, ninguém mais pensa nem diverge, todos obedecem e até a morte todos dizem sim.

Falar é preciso porque, como afirma Primo Levi, um " segundo Hitler pode nascer, talvez até já tenha nascido; é preciso levar isso em conta. Auschwitz, portanto, pode repetir-se. Todas as técnicas, depois de encontradas, vivem de vida própria, em estado de potência, à espera da oportunidade que as leve de novo ao ato". Nessa perspectiva, falar é, inclusive, um ato de solidariedade intergeracional.

O mundo todo está sofrendo as consequências do neoliberalismo e da globalização do mercado de trabalho, e em nosso caso é mais grave porque esses efeitos nos atingem antes de termos estabelecido um Estado de Bem-Estar Social, e exatamente por isso estamos muito vulneráveis ao populismo de direita.

Muitas pessoas falam em populismo de forma errada, sem conhecerem de fato a sua definição. Fica mais fácil explicar com um exemplo. O uso recente melhor sucedido de populismo foi a campanha de Donald Trump. Na véspera da sua eleição, ele dizia: "A pergunta de amanhã é: quem vocês querem que governe a América, a classe política corrupta ou o povo?".

Ou seja, é a estratégia do eles contra nós. E um dos maiores problemas disso é a definição de quem é nós, ou seja, de quem é o povo. A direita tende a conceituar o povo a partir de uma perspectiva étnica, daí se explica a retórica de Trump contra a imigração.

É exatamente contra isso que precisamos cada dia mais da fala. Precisamos de conversas sobre política, desde a esquerda até a direita, em um Brasil que necessita muito de um projeto de país, de pactos, de compromissos e do uso de nossa energia para procurar construí-lo para todos os brasileiros.

IDEIAS
PERIGOSAS

Recentemente, li dois livros pequenos, mas que contêm grandes pensamentos. São grandes porque são pensamentos que procuram questionar a ordem natural das coisas. O primeiro desses livros é do sociólogo Zygmunt Bauman que na sua obra explica porque é falsa a afirmação 'a riqueza de poucos beneficia todos'. O outro livro é de Federico Rampini, correspondente do jornal 'Repubblica' em Nova Iorque. Rampini, através de sua experiência vivendo em países tão diferentes como Itália, Estados Unidos e China, questiona e nega a atual ideia corrente de que 'Não podemos mais permitir um Estado Social'.

Ambas as obras tratam de temas que dizem respeito à preocupação com os efeitos do capitalismo, do neoliberalismo e da globalização que trazem em si intrínseca uma ideia de competição, concentração, exclusão e rivalidade, e consequentemente agravam as desigualdades sociais sobretudo transformando os mais ricos em ainda mais ricos e os mais pobres em ainda mais pobres.

De acordo com Bauman, a desigualdade sempre foi justificada com a argumentação de que as pessoas no vértice da pirâmide social dão uma maior contribuição à economia, criando postos de emprego.

Mas e agora, quando não existe mais oferta de emprego, como se justifica a desigualdade? E não existe oferta de emprego porque o Estado Social é um luxo e por isso devem ser redimensionadas as conquistas sociais dessa parte da sociedade que já não tem quase nada? Eu realmente não consigo ser convencida por esse discurso.

A Secretaria de Política Econômica do Ministério da Fazenda divulgou em 09 de maio passado o primeiro **Relatório sobre a** distribuição da renda e da riqueza da população brasileira. Entre outras estatísticas relevantes, no que se refere à apropriação da riqueza, definida como a posse de bens e direitos subtraída dos valores declarados com ônus e dívidas, é possível observar que apenas 8,4% dos declarantes possuem 59,4% do total de bens e direitos líquidos no país.

É por essa e outras que não me conformo que agentes e apoiadores do governo interino afirmem que para o Brasil sair da crise o "Tamanho do SUS precisa ser revisto" ou que a "Crise força o fim do injusto ensino superior gratuito". Não me conformo com a volta do mantra "estabilizar, privatizar e liberalizar", codificado no Consenso de Washington. Não me conformo com o lema de que os parcos direitos sociais devem ser cortados.

A experiência europeia nos mostra que aplicar a austeridade como diz Mark Blyth é uma ideia perigosa. Dando razão a Einstein, ele afirma: "Se fazer repetidamente a mesma coisa esperando resultados diferentes é a definição de loucura; rondas repetidas de austeridade em sucessivos países era uma loucura". Não vamos repetir a nossa loucura, mais uma vez, nós também.

LIVROS SUBVERSIVOS

Entre 9 e 16 de novembro, acontece em Londres a semana do livro acadêmico. Uma lista com os 20 livros que mudaram o mundo foi elaborada por editores e livreiros especialistas e caberá ao público votar *on line* para eleger o mais influente livro acadêmico de todos os tempos. Nesta lista e ao lado de Charles Darwin, Kant, Platão, Stephen Hawking, Karl Marx, Maquiavel e outros grandes pensadores, encontra-se Simone de Beauvoir, por sua importante obra: *O Segundo Sexo*.

Isso em Londres, Inglaterra.

No Brasil, o exame nacional do ensino médio – ENEM colocou na prova um trecho célebre daquela obra: "Uma mulher não nasce mulher, torna-se mulher". Nota dez para o exame! Não fosse a ignorância histérica e inculta de tantos que maldisseram o exame, apedrejaram a obra e repudiaram a escritora, poderíamos nos orgulhar de saber que os nossos jovens estão sendo chamados a pensar.

Ainda no Brasil, deparei-me com um pedido de meu filho para que o ajudasse a fazer uma pesquisa sobre política, economia e cultura em Angola, país-irmão africano. Fiz uma breve retrospectiva e comentei com ele que não me recordava de ter estudado a história do continente africano no ensino médio, ao que ele orgulhosamente me respondeu: – Claro que não, mãe, o ensino da história e cultura afro-brasileira e africana foi incluído no currículo escolar há pouco mais de dez anos! Depois dessa resposta, fui pesquisar as origens e encontrei a lei n. 10.639/2003. Nota 10 para isso também.

No curso da pesquisa, descobrimos que em junho deste ano, jovens ativistas foram presos "em flagrante delito" pelo governo angolano por terem sido pegos lendo e debatendo o livro de Gene Sharp sobre política da não-violência. Sem comentários...

Contei essas estórias todas, que se entrelaçam, para concluir que enquanto países desenvolvidos, como a Inglaterra, celebram os livros que mudaram o mundo e subverteram a ordem das coisas, em outros países, como Brasil e Angola – repúblicas do pensamento único, livro ou é coisa de subversivo, ou é caso de polícia.

LULA É POP

Acompanhei a caravana de Lula pelas fotos. E que fotos! Mas sei que as mesmas fotos que me deram um prazer de arrepiar, representaram para outros uma grande provocação: Você aguenta olhar para isso?

Olhava as fotos e procurava palavras que definissem a caravana de Lula. A caravana de Lula é reconciliação, é redenção, é provocação, é resistência. Se o povão em algum momento se ressentiu com Lula, não tenho dúvidas de que estão feitas as pazes.

Não são fotos encenadas, do tipo "fotografia oficial" que se coloca no Instagram. As fotos do Ricardo Stuckert são um grande espetáculo, porque são fotografias que foram tiradas para mostrar a realidade, e não para representá-la. Deviam servir de prova, porque mostram que Lula foi absolvido pelo povo.

Lula partiu em caravana pelo Nordeste enquanto presenciávamos um governo golpista, sem limites de cinismo e de rejeição propor a venda de nossas maiores riquezas. Na verdade, um governo depenado que gastou o dinheiro que tinha, e que busca vender o patrimônio do povo brasileiro para continuar sua saga de comprar parlamentares para se manter no poder, sem legitimidade, sem povo e sem votos.

Ficava só imaginando o que Lula viu e ouviu durante esses dias, e me contentava com alguns vídeos que mostravam seus discursos, sempre emocionados, vangloriando-se de ter cuidado do povo, e realmente cuidou.

Lula não é populista. Lula é popular. É popular porque se identifica com o povo e o povo se identifica com ele. É um fenômeno das multidões porque nele a massa se vê como espelho, refletida. E ele sabe fazer quando diz: Eu sou um presidente que não tive a honra e o direito de ter um título universitário, mas sou o presidente que mais criou universidades nesse país, e foi mesmo.

Foi um presidente que muitas vezes decepcionou, que fez más escolhas, que fraquejou diante de temas importantes em relação a que teria tido o poder de transformar e que transigiu muitas vezes contra o interesse do povo que mais representava, mas a sua caravana mostra que o povo fez as pazes com ele. E fazer as pazes é de certa forma esquecer o mal que se sofreu, até mesmo por reconhecê-lo como um mal menor.

Acredito que no caso específico de Lula, o esquecimento e a memória andam juntos, de mãos dadas. O povo faz as pazes com Lula porque está disposto a esquecer o mal que sofreu, e que hoje vê que é infinitamente menor de que a memória que tem do quanto se sentiu cuidado por ele.

As fotografias da caravana de Lula são poesia em tempos de ódio, preconceito e horror. Mostram, com eloquência, a persistência de um povo que para além do sofrimento, quer sorrir e viver. Até porque sorrir e viver deveriam ser comuns ao povo, e não apenas à elite e aos elitistas.

MÃE E FILHA

Dizem que quando somos mãe, deixamos um pouco de ser filha. E eu me vejo presa na saudade do tempo em que eu era apenas a sua filha. Do tempo em que já existiam responsabilidades, que chegaram cedo em minha vida, mas do tempo quando o tempo não tinha corrido tanto ainda, para já ter deixado seu rastro de perdas infindas.

Me vejo presa na saudade de um tempo em que sentia a vida como uma floresta fechada numa mata de árvores frondosas, altas e fecundas e seu colo era a certeza de um sonho bom, como a ideia de dormir num leito de folhas verdes, recém caídas.

Dizem que quando somos mãe, deixamos um pouco de ser filha. E eu me vejo presa na saudade de um tempo em que não tinha passado tanto tempo ainda para que já visse as pessoas, tirados os filtros da fantasia. Desse tempo, por ter recebido amor tão verdadeiro, guardo a imagem do seu sorriso como um copo cheio de água que se não matava a sede voltava a se encher, tão logo esvaziava.

Guardo o cheiro da comida feita com mãos de amor e a lembrança de uma mesa sempre posta, capaz de alimentar-me de quimeras pueris. Lembro de olhos bondosos e obsequiosos de que jorravam uma compreensão de mim maior ainda do que aquela que eu, tão jovem, já tinha a meu respeito.

Dizem que quando somos mãe, deixamos um pouco de ser filha. E se, como mães, nos sentimos tão imperfeitas, como filha encontro você no retrato que vejo de um céu todo azul em dia de praia, com um mar imenso e salgado de águas calmas que me convida a nadar.

Como filha, encontro você no retrato que vejo de uma rede que me balança enquanto leio, na paisagem de minha janela que aprecio enquanto tomo um café bem quente de manhã cedo, na alegria que me comove quando penso belas metáforas e escrevo frases sentidas e verdadeiras.

Dizem que quando somos mãe, deixamos um pouco de ser filha. E como mãe, no seu dia, levo meu filho a sua casa para beijá-la e abraçá-la. E como filha, no seu dia, levo o meu coração, que traduzi nessas palavras, para dizer tantos obrigadas quanto possa, até varar a noite, até cansar, até perder a voz. Como filha, levo meu coração para lhe dizer que tanto mais amor a todos dedique, mais esse amor lhe retorna em quinhão de beleza, serenidade e sabedoria.

MELHOR NÃO IR
AO ENCONTRO

— Só consigo pensar nos mortos! Foi o que respondi com um olhar cheio de espanto e esperança. Me perguntavam sobre que escritor eu gostaria de escutar falar numa mesa de debates literários. Eu tinha muitos nomes, mas todos mortos. Até ri, lembrando da brincadeira do copo que fazíamos na época do colégio, para atrair os espíritos para a sala de aula.

Frequento sempre as feiras literárias. E na maioria das vezes é bom escutar a fala dos autores cujos livros já li. É certo que em muitas ocasiões o debate não flui bem, ora por culpa da mesa, ora por culpa da plateia. Mas costuma ser um programa que me agrada.

Mas a verdade é que não me veio um único nome à mente para responder à pergunta que me foi feita. Digo, nenhum nome possível fora da ideia da brincadeira do copo. Todos mortos!

Isso me intrigou bastante. É certo que sempre que saio desses debates literários tenho a impressão de que a conversa que tive com o livro que li me disse muito mais que o breve diálogo que firmei com o autor, acerca de uma questão ainda mal resolvida em minha cabeça. Ou seja, para além da curiosidade de ver a figura, de ter o livro autografado e de firmar um contato mais próximo com o escritor, essencialmente eles não têm muito mais a falar além do que já nos disse a sua obra. Na minha opinião, só poderá falar algo diferente se for relido, em um outro momento de nossa vida.

Mas como não querer escutar Tolstói, Hemingway, Jorge Luis Borges falarem? No meu caso, como não querer topar com Fernando Pessoa ou Clarice Lispector na sala de uma feira literária? Ainda assim, francamente, acho difícil que falassem tão bem de seus livros como as memórias que guardo das conversas que tive com *O Guardador de Rebanhos* ou *A Hora da Estrela*.

Os bons livros são sempre melhores que seus escritores porque os escritores não são iguais ao que escrevem. O seu instrumento de inspiração é a imaginação, muitas vezes mesmo o fingimento, daí porque Fernando Pessoa em um de seus poemas diz: "Depois de escrever, leio.../ Por que escrevi isto? / Onde fui buscar isto? / De onde me veio isto? / Isto é melhor do que eu..."

Rubem Alves também já nos alertou: "Não escrevo o que sou. Escrevo o que não sou. Sou pedra. Escrevo pássaro. Sou tristeza. Escrevo alegria. A poesia é sempre o reverso das coisas. Não se trata de mentira. É que nós somos corpos dilacerados – "Oh! Pedaço arrancado de mim!"

Depois de refletir bastante compreendi que só tinha pensado nos mortos porque, na verdade, intimamente, não queria o encontro. Preferia ficar apenas com o texto a correr o risco de concluir, como Fernando Pessoa, no Livro do Desassossego:

"G. Junqueiro? Tenho uma grande indiferença pela obra dele. Já o vi... Nunca pude admirar um poeta que me foi possível ver."

MEMÓRIAS

Os meus olhos são duas janelas para o mundo. As pálpebras, suas cortinas, que se abrem ora para o espetáculo, ora para o drama, e se fecham para descansar.

O que vejo pelas janelas é o meu registro da realidade. Ou melhor, é o meu testemunho da realidade. E o olhar que salta dessas janelas, apesar de estar solto para fora, para dentro está preso a toda a memória passada e a todo o sentimento presente.

Não raras vezes, o que vejo não passa de uma projeção da minha memória. Agora que olho essa foto que fizeste desta tarde nublada, o que vejo é a recordação de uma conversa com tia Lena. Ela me falava de sua irmã, e dizia: Já nem telefono mais para ela de tantas saudades que sinto!

E as saudades de tia Lena são essas nuvens pesadas da foto, numa tarde tão escura em que não se via sequer uma fresta de luz capaz de espelhar nas águas do rio a beleza do céu nebuloso.

Todos nós guardamos em nossas memórias centenas de fotografias e as fotografias congelam as imagens. As fotografias congelam as imagens que alguém escolheu ver. Digo isso a pretexto de lembrar do último livro da Sontag que li, "Olhando o sofrimento dos outros", em que ela me explicou o óbvio: "fotografar é enquadrar e enquadrar é excluir".

A foto que fizeste desta tarde nublada é hoje para mim as saudades de tia Lena. Não sei o que será no futuro, se voltar a olhar para ela.

Se, ao invés, tivesses me mostrado a foto feita da varanda de casa, enquanto lias poemas e brincavas com as conchas grandes que peguei no fundo do mar e que agora decoram o centro da mesa redonda de mármore, certamente veria no céu azul da foto, um caminho luminoso a percorrer, e nas folhas verdes dos coqueiros, grandes asas para voar.

MULHERES E FUTEBOL

Eu fui ao estádio de futebol umas cinco vezes na vida. Sempre nos jogos do Sport e da Seleção Brasileira. Gostei bastante! Gostei mais da festa, que do jogo em si. Apesar de rubro-negra, a verdade é que não me interesso por futebol. Comemoro quando o Sport ganha, porque gosto da festa e quando os outros times perdem, porque perco o amigo, mas não perco a piada.

Meu conhecimento sobre futebol se limita às manchetes que leio no jornal, para não me sentir fora do mundo. Acho que é por isso que não me agride tanto quando escuto alguém dizer que futebol é coisa de homem. E talvez porque não me agrida é que eu seja capaz de fazer uma reflexão mais cuidadosa sobre o tema.

Sinceramente, não perco nem meu tempo nem meu humor rebatendo uma afirmação dessas. Nem acho que a pessoa que diz isso é necessariamente uma pessoa machista. Isso porque se nós olharmos as evidências, inclusive históricas, a afirmação não é incorreta. É apenas uma afirmação sem reflexão.

Acho que a preocupação das mulheres não deveria ser questionarem ou rebaterem essa afirmação em si, até porque esse processo é cansativo, despende muita energia e tenho minhas dúvidas se é eficaz, mas sim preocuparem-se em entender e combater as evidências, inclusive históricas, que confirmam essa afirmação irrefletida. Conheço mulheres que amam e vários homens que não têm nenhum interesse por futebol. Simplesmente porque se interessar ou não por futebol é uma questão de gosto, não de gênero.

Machismo é não admitir que uma mulher possa se interessar, gostar e jogar futebol; é não admitir que essas mulheres que gostam e acompanham o futebol possam dar opiniões inteligentes a respeito do tema; é não admitir que comentaristas mulheres possam desempenhar bem o seu trabalho; é assediar as mulheres que frequentam os estádios, entre outras situações que eu poderia citar.

Eu não sei se os leitores sabem, mas as mulheres foram proibidas de jogar futebol no Brasil por 40 anos. O decreto-lei 3.199 de 14 de abril de 1941, dizia: "Às mulheres não se permitirá a prática de desportos incompatíveis com as condições de sua natureza, devendo, para este efeito, o Conselho Nacional de Desportos baixar as necessárias instruções às entidades desportivas do país". Giovana Capucim e Silva estudou em seu mestrado o tema, de que resultou o lançamento do livro "Mulheres impedidas: a proibição do futebol feminino na imprensa de São Paulo". Após quatro décadas de proibição legal, a regulamentação do futebol feminino ocorreu em 1983, graças à luta de jogadoras e a relevância econômica internacional. A proibição, no entanto, tem reflexos negativos no esporte até hoje, como o pouco incentivo ao futebol feminino e a falta de patrocinadores.

Esse dado histórico é capaz de explicar porque até hoje futebol é coisa de homem, o que se evidencia na maior quantidade de homens que jogam futebol, na maior presença de homens nos estádios, no maior incentivo ao futebol profissional masculino, entre tantas outras consequências dessa grande violência estatal contra o direito das mulheres de gostarem e de praticarem um esporte.

Eu considero bastante feministas atitudes como a de Pietra, filha de uma amiga minha de infância, que reclamou na escola porque o campo de futebol era dividido por dia entre as turmas para uso no horário do recreio, só para os meninos jogarem. Ela pleiteou que as meninas também tivessem direito a jogar futebol no campo, na hora do recreio.

Como, também, o movimento recentemente divulgado na imprensa de torcedores do Vasco contra o assédio sofrido por mulheres nas arquibancadas, que recebeu, inclusive, o apoio do clube. São atitudes feministas como estas que têm o poder de mudar o *status quo*.

NÃO SOMOS
TODOS IGUAIS

Somos todos iguais perante a lei. Mas isso não quer dizer que somos todos iguais. Isso quer dizer que somos todos sujeitos de direitos e obrigações, mas nem todos temos os mesmos direitos e as mesmas obrigações, por isso não somos todos iguais.

Uma frase que tenho escutado muito ultimamente é a seguinte: "Sou tão cidadão quanto você". E essa afirmação pretende servir para justificar, por exemplo, almoço em restaurante de ministro do Supremo Tribunal Federal com políticos, horas antes do julgamento de processo em relação a que esses mesmos políticos teriam interesse, e que o ministro participaria como julgador. Aí eu me pergunto: Será que um ministro do STF, com base nos princípios da isonomia e da plena cidadania, pode afirmar que tem o direito de almoçar com quem quer que seja, nas condições referidas? Acredito que não.

Essa mesma frase: "Sou tão cidadão quanto você" tem servido, também, para justificar manifestações políticas explícitas de autoridades responsáveis por investigações e julgamentos, nas redes sociais, em favor ou contra determinado político ou partido político. E mais uma vez eu me pergunto: Será que um juiz pode, com base nos princípios da isonomia e da plena cidadania, afirmar que tem o direito de posicionar-se politicamente nas redes sociais contra determinado partido e candidato e, ao mesmo tempo, considerar-se suficientemente isento para julgá-lo? Acredito que não.

Numa das recentes conversas em grupos de *WhatsApp*, tive a oportunidade de escutar de uma amiga, de quem eu gosto muito, e que é delegada da polícia federal, essa mesma afirmação: Sou tão cidadã quanto você. Ao que lhe respondi: "Não. É claro que não somos cidadãs de igual categoria. Eu não tenho porte de arma, eu não posso investigar, eu não posso grampear telefones, eu não posso prender, entre tantos outros poderes que você tem em razão do cargo que ocupa. É claro que não somos iguais. Você tem mais poderes e, consequentemente, mais responsabilidades e obrigações em relação aos poderes que tem. É claro que não somos iguais."

Acho que as autoridades de nosso país têm, como tarefa urgente, que fazer um esforço de autocontenção. Não existe poder em relação a que inexista uma correlata responsabilidade. Vejo como grande problema o fato de que quando se fala em isonomia no Brasil, refere-se sempre ao seu sentido formal, nunca substancial. E quando se fala em cidadania no Brasil, refere-se sempre a exercício de direitos, nunca à atribuição de deveres e responsabilidades.

Nossas autoridades precisam ser como a mulher de César: não basta que seja digna; tem que parecer digna. Na democracia, as aparências são essenciais para a credibilização do sistema.

NATAL
MAGRO

Daqui a uns dias será Natal, e há dias que já estamos em clima de fim de ano. Como essas datas simbolizam ao mesmo tempo fim e início, decidi começar a escrever pelo que poderia ser a minha frase final, que peguei emprestada de Carlo Bordoni em ensaio escrito sobre a crise do Estado: "As necessidades de hoje nada mais são que restos sedimentados e petrificados das escolhas de ontem – exatamente como as escolhas de hoje originam as verdades emergentes de amanhã".

É comum escutarmos os governos culparem a crise pela falta de investimento, pela diminuição da produção, pelo aumento do desemprego, pela eliminação de direitos sociais. É culpa da crise! Como se a crise fosse uma entidade abstrata, e por isso a atribuição de responsabilidade tivesse que ser absolutamente despersonalizada.

Gosto desta frase do Carlo Bordoni porque ela parece tirar a culpa da crise, e na medida que relaciona as necessidades de hoje às escolhas de ontem parece dizer-nos: a crise que vivemos não é uma entidade abstrata, mas é resultado de nossas escolhas.

No balanço que faço para o meu Natal, sinto-me em paz com as minhas escolhas pessoais e políticas, apesar de muito triste com o estado de necessidade de meu país de hoje. Sinto-me também muito nostálgica. Sinto a nostalgia de um tempo em que me orgulhava de dizer-me brasileira onde quer que estivesse, pois via o meu país com olhos cheios de esperança, acreditando que estivesse pronto para modernizar-se para o futuro, e no caminho de tornar todos os seus cidadãos mais irmãos em seus direitos.

Apesar de tantas confraternizações e de tantos encontros com os amigos, não me recordo de ter passado por um Natal tão magro, em toda a minha vida. Porque os sorrisos e os bate papos entre uma taça e outra de vinho não conseguem tirar de mim a sensação de que estamos mergulhados numa grande onda tóxica.

Estamos mergulhados numa onda de individualismo, de corporativismo, de hipocrisia, de cinismo, de irresponsabilidade, de insensibilidade e de violência. E não entramos numa onda dessa a não ser através das nossas próprias escolhas.

Acho que todos os brasileiros, e acima de tudo nossas autoridades, deveriam se preocupar em refletir em que medida as suas escolhas durante o ano de 2016 podem ter contribuído para o estado de necessidade que vivemos hoje. Em que medida contribuíram para estarmos todos mergulhados nessa grande onda tóxica.

Sinceramente, me enche de indignação escutar dirigentes máximos de poderes dizerem: "Onde um juiz é destratado, eu também sou" ou " Atacar um procurador é atacar todo o Ministério Público". Me enche de indignação que num momento desses o principal plano do ministro da Justiça seja erradicar a maconha da América do Sul, e que um deputado tenha tido a desfaçatez de propor uma emenda constitucional para dar poderes constituintes a um Congresso que merece todo o desprezo dos brasileiros.

Sempre acreditei que a crise é o momento em que a velha ordem morre e em que é necessário lutar por um mundo novo. Não vejo, entretanto, nenhum esforço de nossas autoridades nesse sentido.

E é justamente por isso que as nossas escolhas de hoje são ainda mais importantes. São elas que vão originar as verdades de amanhã. Vamos escolher salvar o nosso país através do voto. Em 2017, vamos às ruas exigir que o poder seja devolvido ao povo.

O BRASIL DE
BOLSONARO

Eu ainda não escrevi sobre o Brasil de Bolsonaro, porque não consegui parar de rir. Não sei se o riso é de desforra ou de nervoso, mas ainda não consegui parar de rir.

Ri demais com a história do Fabrício, motorista do Mito – que foi eleito para acabar com a corrupção no Brasil. Fabrício Queiroz, ele mesmo, companheiro de quartel e de pescaria de Jair Bolsonaro, que mora num cafofo em Taquara, zona oeste do Rio, apesar de movimentar 1,2 milhão de reais em sua conta, fazer saques de valores altíssimos, passar cheque nominal de R$ 24.000,00 para a primeira-dama e ter boa parte da família empregada nos gabinetes dos Bolsonaro. Não, claro que não! É claro que Fabrício não pode ser "caixinha" do Bolsonaro. Já ele aparece, dá fim ao seu sumiço e conta uma "história plausível", como já a contou a Flavinho Bolsonaro.

Vou dizer a vocês uma coisa, sabem que ainda sinto dor na barriga de tanto que eu ri da história do Moro? Sérgio Moro, ele mesmo, ex-juiz supremo do Brasil que largou a toga para virar Ministro da Justiça e Segurança do Bolsonaro – presidente que ele ajudou a eleger tirando do páreo o Lula, seu principal adversário. Na verdade, não sei se ri mais com ele ou com o Onyx Lorenzoni, futuro Ministro-Chefe da Casa Civil do governo anticorrupção de Jair Bolsonaro, que afirmou não ter medo da investigação em andamento no STF sobre o recebimento de caixa dois do grupo J&F, porque "já se resolveu com Deus". Isso mesmo. Ele já se resolveu com Deus! E Moro, o ex-juiz supremo do Brasil, disse o que sobre isso? Adivinha! Ele disse que o Onyx é de sua "confiança pessoal". Achou pouco? Disse mais: "Ele já admitiu e pediu desculpas". Acreditem ou não mas foram essas as doces palavras do ex-juiz supremo do Brasil que, de olho no Sodalício, largou a vida de vitalício para servir a um estrupício.

Só rimando mesmo para aguentar a comédia seguinte: pastora Damares, futura Ministra da Mulher, Família e dos Direitos Humanos do Brasil de Bolsonaro. A pastora Damares é um caso à parte. Ela não se resolve com Deus, como o Onyx, ela fala por Deus. E Deus disse a ela que "é o momento de a igreja ocupar a nação. É o momento de a igreja governar. Se a gente não ocupar este espaço, Deus vai cobrar". Mas não pensem que ela é só uma fanática. Ela é pior, muito pior: a futura ministra dos Direitos Humanos, Damares Alves, defendeu nesta terça-feira a aprovação de um projeto que torna o aborto um crime hediondo, aumenta as penas e ainda prevê uma espécie de "bolsa estupro".

Mas não apostem que eu estou rindo muito. O mercado está rindo muito mais. Está rindo de satisfação, é claro! E não está nem aí para esse festival de bizarrices do Brasil de Bolsonaro. O que o mercado quer mesmo é que o circo continue, para que o povo se distraia com tanto escândalo, e nem pare para se questionar sobre quais interesses estão sendo patrocinados e protegidos pelo superministro da Economia: o ultraliberal Paulo Guedes.

O BRASIL NÃO É UM PAÍS SÉRIO

Não digo isso dos brasileiros. Conheço muitos brasileiros sérios, mas as nossas instituições não são sérias.

Semana passada, conversando com minha esteticista, que também é auxiliar de enfermagem aposentada, soube que ela entrou com um pedido de restituição junto ao Estado de Pernambuco, porque pagou mais do que devia para se aposentar. Quase não acreditei, e perguntei: — Como isso foi acontecer? Ela me respondeu: — Em toda a minha vida, só conheci os meus deveres. Minha preocupação sempre foi cumprir os meus deveres. Nunca pensei muito nos meus direitos...

Recordo-me também que, como procuradora do estado, durante muitos anos trabalhei na dívida ativa. E atendi inúmeros pequenos contribuintes que me procuravam para regularizar a sua situação de devedores. E eles diziam: – Doutora, estou aqui porque eu quero pagar. A senhora não pode parcelar para mim, não?

Dou esses exemplos para retirar da afirmação que faço, milhões de brasileiros sérios e honestos, que trabalham com dignidade e são preocupados com o cumprimento dos seus deveres para o desenvolvimento do país.

Quando analiso a situação caótica em que as nossas autoridades colocaram o nosso país, vejo que o Brasil não é um país sério porque grande parte de nossas autoridades apenas se preocupam com seus direitos, seus escusos interesses e seus mesquinhos privilégios.

O que pensar da prática do parlamento brasileiro? A cada dia que passa fica para mim mais evidente a crise da legalidade. Quando penso na imensa linha que separa os valores sociais que eu defendo e os impublicáveis valores corporativos que são defendidos pelos nossos deputados e senadores, fica mais difícil para mim acreditar no poder legitimador das leis dali emanadas.

O que pensar da prática do executivo brasileiro? Um presidente que no meio de uma crise política de enormes proporções, que todo o mundo está vendo, vai à ONU cinicamente afirmar ser beneficiário de extraordinária estabilidade, após irresponsavelmente mentir sobre o número de refugiados no Brasil. Isso não é sério!

O que pensar da prática do judiciário brasileiro? Juízes que violam regras básicas de imparcialidade e Tribunais que desmerecem garantias constitucionais e não se constrangem em afirmar que "problemas inéditos exigem soluções inéditas", o que é a mais absoluta afronta ao Estado de Direito, aos direitos e garantias individuais e à separação de poderes. Não, isso não é sério!

O que pensar da prática do ministério público brasileiro? Um poder chegado a exibicionismos, que demonstra sua convicção em rede aberta de TV e com gráfico de powerpoint, apesar de deixar entender que não tem provas contra o acusado que a despeito disso decide, por convicção, denunciar... Fala sério!

O que pensar da prática da nossa polícia? Que coíbe o direito ao protesto coletivo através de intervenções desproporcionais e que, no âmbito da Lava Jato, promove conduções coercitivas arbitrárias, inclusive, escandalosamente cumprindo mandado de prisão em centro cirúrgico, onde um cidadão brasileiro com endereço certo acompanhava a esposa enferma para tratamento... Isso é quase barbárie!

Podia continuar com uma lista sem fim da nossa falta de seriedade... Mas a esse ponto, só remeto meus leitores a duas frases perfeitas: uma marxista, que afirma ser a prática o único critério da verdade e a outra popular, que garante não existirem argumentos contra os fatos. Vai ver que é por isso que não escutamos mais soarem as panelas do Brasil.

O DE CIMA SOBE, O DE BAIXO DESCE

A temática da desigualdade sempre chamou a minha atenção, exatamente por isso deparei-me com a leitura de um autor que dedica suas pesquisas acadêmicas ao assunto. Branko Milanovic é economista e professor visitante da CUNY – City University of New York e seus estudos e pesquisas procuram explicar as dinâmicas que impulsionam a desigualdade, numa escala global.

Em artigo de 2 de maio passado, publicado no *The Guardian* e encabeçado por uma foto da favela da Rocinha, no Rio de Janeiro, Milanovic responde a uma pergunta que lhe é frequentemente endereçada: Por que devemos nos preocupar com a desigualdade?

E ele elenca três grandes razões. De início, afirma que toda desigualdade em tratamento ou posição entre indivíduos, incluída aí a desigualdade de renda e de riqueza, requer compreensão e justificação, isso porque, em princípio, somos todos fundamentalmente iguais. Com isso ele não quer dizer que todos devemos ter os mesmos salários e rendimentos, até porque nosso esforço e sorte podem variar, mas que precisamos pensar sobre as razões para toda e qualquer desigualdade.

Em seguida, ele afirma que precisamos nos preocupar com a desigualdade para descobrir se a existência dela acelera ou retarda o progresso econômico. E com base num argumento de senso comum, fundado em evidências empíricas que sugerem que nenhum dos dois extremos é bom, ou seja – nem a situação em que todos tenham iguais rendimentos e riquezas, nem a situação em que a desigualdade seja extremamente alta – ele propõe o seu objetivo de identificar que tipos de desigualdade podem ser boas para o crescimento (por exemplo, a desigualdade que se justifica por um maior ou menor esforço do indivíduo) e outros tipos de desigualdade que não seriam boas para o crescimento econômico (como as desigualdades baseadas em gênero, raça ou direitos de herança).

Por último, Milanovic chama a atenção para a importância em se compreender a relação entre a desigualdade e a política. E afirma que em todos os sistemas políticos, até mesmo nas democracias, os ricos tendem a ter mais poder político e o grande perigo é que esse poder político seja usado para promover políticas que consolidem ainda mais o poder econômico dos mais ricos. E sentencia: "Quanto maior a desigualdade, mais provável é que nos afastemos da democracia para a plutocracia".

É exatamente isso o que refletem as atuais políticas públicas no Brasil. Todas elas políticas que agravam a desigualdade social num país já extremamente desigual e que consolidam o poder econômico e político, cada vez mais, nas mãos dos mais ricos.

Se Milanovic escolheu essas três grandes razões para explicar porque se preocupa com a desigualdade, Josué de Castro, teórico brasileiro da fome e do subdesenvolvimento – porque fome e subdesenvolvimento são a mesma coisa – traz uma razão e um apelo final: "Não podemos viver num mundo partilhado por 2/3 que não comem e, tendo consciência das causas da fome, se revoltam, e 1/3 que come bem – às vezes até demais – mas que já não dorme com medo da revolta dos 2/3 que não comem".

O DIREITO DE
SER MULHER

Eu tenho amiga que é mãe de três filhos e não trabalha. Eu tenho amiga que trabalha e decidiu não ter filhos. Eu tenho amiga que separou e não quer casar de novo. Eu tenho amiga que casou no civil, separou e sonha casar no religioso. Eu tenho amiga que trabalha, casou tarde e sonha ser mãe depois dos quarenta.

E eu admiro todas elas.

Eu admiro todas elas porque sei como é difícil para a mulher exercer o seu direito de escolha. Escolher o seu próprio caminho para ser feliz, sabendo que vai ser necessariamente julgada por isso.

Se cuida dos filhos e não trabalha, é julgada. Se trabalha e não tem filhos, é julgada. Se casa e não quer filhos, é julgada. Se não casa e quer ter filhos, é julgada.

Eu não participo desse julgamento.

Defendo o direito de homens e mulheres escolherem o que lhes fazem felizes. E o limite dessas escolhas deve ser o direito dos outros de também serem felizes. Se a mulher casa e não quer ter filhos, o limite da escolha dela é o companheiro também concordar com isso, o que pode transformá-la em uma mulher separada que não quer ter filhos. Mas a sociedade não tem o direito de julgá-la por não querer ser mãe.

E esse raciocínio se aplica a muitos exemplos. Eu sempre trabalhei, me importo com a minha carreira, fui casada, tenho filho, separei-me, e por hora estou solteira. E me sinto muito feliz nesse modelo que criei para mim, e que não precisa ser copiado para que outras mulheres se sintam tão realizadas, felizes e conscientes de seu valor, como eu me sinto.

Eu não escolheria ser uma princesa. Não fui criada para isso e se tivesse uma filha, não a criaria com esses valores. Mas defendo o direito de mulheres que querem encontrar um príncipe, casar e ser feliz para sempre, de viverem esse modelo sem o peso de meu julgamento, e também sem a minha admiração.

Nós não precisamos gostar ou concordar com as escolhas dos outros, apenas aceitá-las. E aceitar as escolhas pessoais das mulheres implica em assegurar que essas escolhas não sejam utilizadas para condená-las por falsas convicções morais. Eu sou festeira, gosto de dançar, quando bebo não dirijo, tenho amigos espalhados no mundo e gosto de viajar para encontrá-los, o que pode não se encaixar no modelo padrão de mulheres recifenses de 43 anos, mas se encaixa muito bem em mim.

Sou tudo isso e uma excelente mãe. Tenho uma relação próxima com o meu filho único, com a minha família e com os amigos que considero leais. E sou uma profissional que conhece o seu valor e que quer e merece ser respeitada por isso.

O direito de ser mulher não cabe numa camisa de forças, nem ser livre e independente cabe para todas as mulheres. Eu escolhi ser livre e independente, e exerço a minha liberdade e independência com muita responsabilidade.

Eu não quero ser princesa, mas tenho dias de princesa; eu não quero ser dona de casa, mas a minha casa é um brinco; eu não quero ser recatada, mas sei onde posso brincar e onde preciso ser séria, e como todas as mulheres, eu quero ser bela, mas não me incomodam uns poucos quilinhos extras, em especial se forem parar nas coxas grossas, que herdei de vovó Maria.

O GOLPE
EM VERSOS

Eu sabia que a qualquer hora que ligasse a televisão naquele dia, veria o mesmo espetáculo: senadores discursando suas infindas hipocrisias para justificarem as suas ridículas narrativas de que não era um golpe que davam, mas um impeachment que votavam. Ainda assim, liguei a televisão.

E olhando aquelas imagens de um parlamento tão sombrio, comecei a escutar os sons de um jogral em minha cabeça, como um recital em que estando, a princípio, todo o grupo sentado, pouco a pouco, um a um se levanta, e declama um verso da poesia.

Olhava a televisão e não via o parlamento discursando, via os senadores recitando versos. Primeiro Jucá dizia: "Minha mão está suja". Logo depois levantava Crivella: "Preciso cortá-la". E lá vinha Cristovam Buarque: "Não adianta lavar". E Collor dizia: "A água está podre". E Marta: "Nem ensaboar". Em seguida Anastasia surgia: "O sabão é ruim". Aécio gritava: "A mão está suja". E Serra sussurrava: "suja há muitos anos".

Do outro lado da tela surgia Requião, que com voz grossa e firme denunciava: "O jornal governista ridicularizava seus versos, / os versos que ele sabia bons. / Sentia-se diminuído na sua glória/ enquanto crescia a dos rivais/ que apoiavam a Câmara em exercício".

E os inúmeros versos de distintos poemas de Carlos Drummond de Andrade não paravam de fazer rumores em minha cabeça, enquanto eu olhava, entre espanto e espasmo, a tela da TV. E àquelas imagens que eu via se misturavam outras que retive na memória, e eis que no lugar do Senado surgiu um outro cenário, de onde subitamente apareceu Marina para recitar de toada uma anedota búlgara: "Era uma vez um czar naturalista/ que caçava homens./ Quando lhe disseram que também se caçam borboletas e andorinhas, / ficou espantado/ e achou uma barbaridade".

E no lugar de risadas, eu escutava panelas se chocando como se batessem palmas para a anedota. E as imagens que surgiam eram agora da Câmara Baixa e lá no fundo aparecia Cunha para declamar: "No meio do caminho tinha uma pedra/ tinha uma pedra no meio do caminho / tinha uma pedra/ no meio do caminho tinha uma pedra".

E a figura de Bolsonaro enchia toda a tela da televisão, enquanto recitava uma espécie improvável de *mea culpa*: "Um sábio declarou a *O Jornal* que ainda falta muito para atingirmos um nível razoável de cultura. Mas até lá, felizmente estarei morto. "

Eu, muito triste, vendo todo esse espetáculo, não pude deixar de pensar em voz alta: "Os homens não melhoraram/ e matam-se como percevejos".

Foi quando surgiu na tela o avião da FAB e eu escutei a voz inconfundível de Lula, que amparava Dilma no fim desse enredo: "Depois voltou para casa/ livre, sem correntes/ muito livre, infinitamente/ livre que nem uma besta/ que nem uma coisa".

Depois disso, começaram a aparecer imagens do povo na rua, lutando, resistindo. E também da polícia. E eu saí dessa espécie de transe quando vi o rosto de uma jovem com um dos olhos sangrando. Com o seu olho bom ela encarou todos nós brasileiros e recitou o verso final: "Eu estava sonhando... E há em todas as consciências um cartaz amarelo: "Neste país é proibido sonhar".

ONDAS
REACIONÁRIAS

Gostaria de referir-me a um excelente ensaio de Albert O. Hirschman – proferido em 1988, nas Tanner Lectures – célebre série de conferências promovida desde 1973, em diversas universidades americanas e britânicas, e publicado pela Revista Serrote, editada pelo Instituto Moreira Salles, em novembro de 2016.

O ensaio se intitula *Duzentos anos de retórica reacionária*, e nele o autor identifica e sucintamente explicita as três principais ondas reacionárias contra movimentos de mudanças sociais ao longo desses duzentos anos, bem como as teses que as justificaram.

A primeira reação que enumera foi o movimento de ideias que se opôs à afirmação da igualdade diante da lei e dos direitos civis em geral, que poderíamos sintetizar como a reação à Declaração dos Direitos do Homem e do Cidadão.

Em seguida, o autor identifica uma segunda onda reacionária no contra movimento ideológico de correntes influentes, surgidas mais ou menos na época em que se deram as principais conquistas na luta pela ampliação do direito ao voto.

Já a terceira onda reacionária, nas palavras do autor é "a crítica contemporânea ao Estado assistencial e as tentativas de desfazer ou reformar alguns de seus dispositivos".

Ao longo do texto, Albert O. Hirschman procura delinear tipos formais de argumentos e de retórica adotados pelos que pretendem desfazer políticas progressistas e movimentos de ideias, como fizeram e fazem os defensores das ondas reacionárias anteriormente apontadas.

E ao procurar as principais maneiras utilizadas para se criticar, atacar e ridicularizar as ações progressistas, o autor chegou a três teses reativo-reacionárias, a que atribuiu os seguintes nomes: tese da perversidade, tese da inutilidade e tese do risco.

O primeiro argumento reacionário é o efeito perverso, ou seja, a tese da perversidade fundamenta a reação à ação progressista através do argumento de que aquela ação produzirá, mediante uma série de consequências involuntárias, exatamente o contrário do objetivo que está sendo buscado. Essa é a tese mais eficaz e popular das três.

Quem nunca escutou sobre o Estado assistencial que "a disponibilidade dessa assistência age como um estímulo positivo para a vadiagem e a depravação e, por isso, produz pobreza em vez de atenuá-la"? Eis a tese reacionária do efeito perverso.

O segundo argumento reacionário é o que o autor chama de tese da inutilidade. Enquanto o efeito perverso afirma que o suposto progresso é na verdade retrocesso, a inutilidade afirma, pelo contrário, que a tentativa de mudança é frustrada, superficial e de fachada. É a lei da imobilidade transformada numa estratégia para evitar a mudança, tão bem expressa pelo conhecido paradoxo do barão de Lampedusa, no romance O leopardo: "Tudo deve mudar aqui, para que tudo continue igual".

Já a tese do risco pressupõe uma comparação entre custos e benefícios, bem explicitada na ideia de que as conquistas mais antigas ainda são frágeis, ainda precisam se consolidar, e seriam ameaçadas pelo novo programa.

São todas afirmações e retóricas contrárias às grandes mudanças sociais. Não que atualmente no Brasil tenha sido necessária qualquer formulação teórica para justificar os retrocessos sociais que presenciamos.

O Brasil é um caso à parte: um caso de gatunagem de uma corja de facínoras, salafrários e desalmados.

O PAÍS DAS
DEGOLAS

Não é o uso de drogas que é responsável pela marginalização, mas a marginalização é que é responsável pelo uso de drogas.

Enquanto isso não for compreendido, o Brasil continuará assistindo seu presidente chamar um massacre de mais de 90 pessoas sob a custódia do Estado de "acidente pavoroso", e o Secretário Nacional da Juventude disparar que 90 mortes foi pouco: "tinha que matar mais".

Acordamos esse domingo com mais uma notícia de rebelião e mortes dentro dos presídios do país, desta vez no Rio Grande do Norte. O *Diário* anunciou em sua capa: "Uma rebelião tomou a Penitenciária Estadual de Alcaçuz no fim da tarde, iniciada por uma briga entre as facções Primeiro Comando da Capital – PCC e Sindicato do Crime. Maior penitenciária do estado, Alcaçuz tem 1.083 presos – quase o dobro da sua capacidade".

É claro que a crise carcerária brasileira vem de longa data, mas o despreparo deste governo golpista para lidar com o problema é ao mesmo tempo uma tragédia e um grande absurdo. Em outubro de 2016, o ministro da Justiça, Alexandre de Moraes, chamou uma rebelião em Boa Vista de "situação pontual", disse mentiras sobre os pedidos de auxílio do Estado de Roraima e, apesar de pedida a sua cabeça por um abaixo-assinado de juristas, a degola não ocorreu em seu ministério, mas nos presídios, em um espetáculo grotesco que nos primeiros dias do ano já foi capaz de anunciar o inferno que viveremos nesse país, em 2017: mais de 118 detentos foram mortos em menos de duas semanas no Brasil.

E não adianta só construir mais presídios. A realidade brasileira não demonstra apenas uma situação de poucas vagas para muitos presos. Mas de muitos presos sem julgamento: 40% das prisões brasileiras são preventivas, ou seja, pré-processuais, numa clara conversão de exceção em regra, que antecipa uma pena incerta acima de tudo aos mais fracos e despossuídos.

Outros 25% das prisões são decorrentes da política de repressão às drogas, cujo discurso fortalece o crime organizado, ao invés de combatê-lo, tanto que a nossa realidade mostra que são essas facções criminosas e não o Estado que governam os presídios brasileiros.

E enquanto penamos todos, um pouco mais, a cada dia, as nossas autoridades tentam nos fazer rir: Alexandre de Moraes capinando pés de maconha na fronteira do Paraguai e João Dória, vestido de gari. Esse ano promete!

O PODER DA
ÁGUA SALGADA

Certa vez li que a cura para qualquer mal é água salgada – suor, lágrimas ou o oceano. E sempre me identifiquei muito com isso.

Nunca fui atleta, nem pratico esportes coletivos. Não me importa derrotar os outros, ganhar ou perder deles. Gosto de correr porque na corrida sou eu comigo mesma e isso me faz mais forte, tanto física como emocionalmente.

Para mim, a corrida cura muitos males. Correr ao ar livre, de manhã cedo, recebendo a luz e o calor do sol é um santo remédio. Às vezes me esforço tanto que chego em casa com o rosto irreconhecível de tão vermelho. E me agrada a sensação de suar e de sentir os músculos doloridos após o treino.

Também concordo que a lágrima é cura para os males. Mas não aquela que vem do choro que abafa, do choro que por falta de coragem de enfrentar a vida se irrompe. Acredito no poder da lágrima que gasta a tristeza e limpa a alma. Acredito na lágrima de valentia, não na lágrima de covardia, de vitimismo ou de apatia.

A tristeza se expele em água salgada, seja suor ou lágrima e se lava em água salgada: no oceano. É por isso que é difícil para mim escutar de pessoas amigas o relato de que raramente vão à praia. Banho de mar para mim é imposição. É quase uma prescrição médica. É o melhor antidepressivo.

Escrevo essa crônica a pretexto das reflexões que tenho feito sobre o que fazer para me sentir bem, apesar de tudo. Porque vamos concordar que está difícil demais se sentir bem no Brasil, hoje em dia.

Sinto uma tristeza profunda quando leio os sites dos jornais e revistas e os blogs de notícias – o que faço diariamente, porque não tenho como fugir da necessidade de sentir-me bem informada. Até porque televisão já não assisto há muitos anos, exceto o canal Off, que mostra imagens iradas de belos jovens praticando surf.

Tenho o vício de ser otimista e de me identificar mais com a Páscoa de que com o martírio de Cristo. Isso porque sou cheia de esperança, como devemos todos ser para o bem de nossa saúde mental.

Mas vamos concordar que está difícil demais ter esperança, hoje em dia. É por isso que temos que procurar nossos caminhos. Eu acredito no poder da água salgada como caminho para ter mais vida e esperança.

Certamente existem outros. Acho que o mais importante em momentos de crise violenta como a que vivemos hoje em dia, quando chegamos a duvidar de que seja possível combater a derrota moral diariamente dada como notícia em manchetes de jornais e revistas é procurarmos o caminho para sentir-nos bem e com esperança, do contrário restará somente o conformismo e a apatia.

Não se trata de procurar voltar os nossos olhos apenas para as nossas questões pessoais e de fazer de conta que não vivemos em um país que agoniza. Mas de tratar-nos bem, de prestarmos mais atenção à nossa saúde física e emocional, e de fazermos escolhas para estarmos em paz. O Brasil precisa que nós brasileiros estejamos cheios de indignação e raiva, mas plenos de esperança e paz.

O REALISMO
FANTÁSTICO DO GOLPE

Parece que estou vivendo dentro de uma novela do realismo mágico. Um romance pensado pela imaginação de um grande escritor, do *top* de Gabriel García-Márquez, Julio Cortázar ou Manuel Scorza, todos grandes mestres da escola da literatura fantástica latino-americana.

O realismo mágico se define por uma preocupação estilística de dar um sentido de verdade ao que é fantástico e irreal, procurando mostrar o estranho como algo cotidiano e comum.

Não é mesmo fantástico e irreal que em pleno século XXI o Brasil tenha um presidente interino que se comunica por meio de mesóclises e é casado com uma princesa bela, recatada e do lar?

Não é mesmo estranho que uma sociedade e suas instituições que se dizem tão contrárias à corrupção tenham afastado do cargo uma presidenta eleita e honesta para colocar em seu lugar um interino sem votos e ficha-suja?

Um claro enredo fantástico, onde tudo o que é real é muito improvável que aconteça, como deputados batendo panela, invocando ao mesmo tempo Deus e torturador e votando em honra da família, enquanto se distraem marcando encontro com as amantes pelo *WhatsApp*.

Nunca vivi uma outra história com tantos elementos intuitivos, nunca explicados. Vejam só a intuição do ministro do STF que recebeu um pedido de afastamento do Eduardo Cunha em dezembro, e deixou para decidi-lo em maio, depois de consumado o processo de impeachment na Câmara de Deputados.

Também se percebe uma presença forte de elementos sensoriais como parte da percepção da realidade, o que é próprio da boa literatura fantástica, como as panelas soadas na varanda (e agora surpreendentemente caladas), a ostensividade desnecessária à nossa vista das operações policiais, as falas íntimas da presidenta Dilma gravadas e divulgadas por um juiz que, só por isso, já devia ter sido pelo menos aposentado compulsoriamente, mas que continua se achando no direito de processar e julgar o ex-presidente Lula, a despeito de sua inquestionável parcialidade. Tudo isso é sem dúvida muito fantástico!

Mas digo que, para mim, um dos aspectos mais fantásticos de todos foi o STF suspender a nomeação de Lula como ministro da Casa Civil pela presidenta Dilma, e aceitar como uma certa "normalidade" a presença de sete ministros citados pela Lava Jato, além do próprio presidente interino, na formação do novo governo.

O SONHO DA
APOSENTADORIA

Conheci uma senhora holandesa no aeroporto de Frankfurt. Sentamos lado a lado na sala de espera do portão de embarque. O voo para Lisboa atrasou, daí a conversa correu solta. De cara, vi que ela não era uma nórdica pura, do contrário não teria puxado conversa tão fácil comigo.

Ela me disse que quando o seu marido alemão se aposentou há mais de vinte anos atrás, decidiram ir morar em Carcavelos, na costa de Portugal, entre Lisboa e Cascais, e que todos os anos ela volta à Alemanha para visitar duas amigas queridas que moram no subúrbio de Frankfurt.

– Trabalhamos tanto!, ela me disse: — É natural que na velhice queiramos estar mais perto do sol e do mar. E como são cordiais os portugueses, ela falou. Eu quis logo saber qual era a "língua do amor", ou seja, qual a língua falada pelo casal. Ela riu e me disse que hoje já é o português.

Nessa mesma viagem, visitei uma amiga brasileira que namora um alemão. A "língua do amor" deles é o francês, porque se conheceram em um intercâmbio de estudos no sul da França. Fiquei imaginando o alto nível de fluência em uma nova língua e também de intimidade do casal necessários para alterar esse acordo linguístico originário.

A senhora holandesa me disse ser proprietária de um gatil. Adora gatos e tem dois em casa, ambos deficientes. Ela me falou que hoje sua principal atividade é recolher os gatos da rua, tratá-los e colocá-los no gatil para adoção. E que sempre viaja sozinha porque a única filha do casal trabalha muito e o seu marido fica em casa para cuidar dos gatos.

Enquanto ela falava, lembrei-me de minha mãe e de como gosta de ir a Gravatá, cuidar do seu jardim. Já o meu pai passou a trabalhar no computador. Parece que está escrevendo um livro de sonetos.

Acho que quem sempre trabalhou na vida tem dificuldade de largar o serviço, na aposentadoria. E daí vai fazer o trabalho que sempre sonhou fazer, mas que nunca pôde fazer porque não ia dar para pagar as contas e os impostos.

Andei refletindo sobre isso e acho que deve ser mesmo esse o sonho da aposentadoria: a possibilidade do gozo da liberdade de escolha do que fazer, ou seja, poder dedicar o máximo de tempo possível a atividades que dão sentido à vida, com satisfação e prazer.

Mas para isso é necessário energia e vigor.

Pensei em mim, que comecei a trabalhar e a contribuir para a minha aposentadoria aos dezessete anos. Se tiver que esperar até os sessenta e cinco ou setenta anos, como o cenário atual desenha, talvez não tenha nunca na vida um gatil, ou um jardim, nem venha a escrever um livro de sonetos.

Parece mais fácil decidir o destino dos outros, quando quem vai fazê-lo já tem o seu futuro garantido. Mas não é justo que gerações de brasileiros mais jovens paguem um preço tão alto por essa crise do país. Menos ainda quando se vê que só se apertam os cintos dos que mais precisam dos direitos e garantias sociais, como o SUS, o ensino público gratuito e a seguridade social.

A senhora holandesa que eu encontrei no aeroporto goza há mais de vinte anos a sua aposentadoria, depois de contribuir para o Estado social alemão. E minha amiga brasileira, se tiver um filho com o namorado alemão, vai receber do governo duzentos euros por mês, para cuidar e educar a criança.

Eu queria mesmo é que me explicassem para que eu pago meus impostos no Brasil? Se até para exercer o meu direito liberal de ir e vir sem ser estuprada, como recomendado pelo governador, só posso tomar o meu vinho em casa. E se quiser sair à noite, só se for acompanhada. Nem imagino o que a senhora holandesa pensaria disso...

PARA SAIR
DA CRISE

Para sair da crise é preciso diálogo. Até porque uma crise pode ter consequências muito sérias. Pode até distribuir riqueza. E alguém pode sair perdendo com isso, inclusive você.

Para sair da crise é preciso conversar muito. E ter estômago de elefante para engolir muito sapo. Porque diz a prudência que não é à toa que carregamos dois ouvidos e apenas uma boca.

Mas quando essa boca falar é essencial que preze pela coerência do discurso. E descortine todas as culpas, as traições, as omissões e as mentiras que provocaram tamanho estrago.

É preciso uma dose cavalar de tolerância para se suportar as medidas restritivas e de austeridade impostas. Anúncios de cortes nos serviços e instabilidade no peso da moeda de troca que provocam catástrofes em nossas ações.

Para sair da crise nem pense que "one size fits all", ou seja, que a receita é sempre a mesma, porque são diferentes as realidades por trás de cada crise.

Por isso mantenha uma boa rede de amigos e leituras que possam atualizá-la sobre o estado de outras crises. É bastante cruel dizer isso, mas realmente conforta saber que existem crises piores que as nossas.

Para sair da crise é preciso bom senso. Cada um de nós somos credores e devedores ao mesmo tempo e as crises normalmente se instalam quando é grande a desproporção entre quanto se recebe e quanto se dá em retorno. Às vezes pode ser uma questão de custo, já que para uns custa muito mais exigir do que para outros demandar.

Mas o mais importante é não acreditar que para sair da crise é necessária a sua submissão como um ato de heroísmo em nome do bem comum. Do contrário, serão pilhadas todas as suas forças e extorquidas as suas melhores riquezas.

Para sair da crise, é preciso senso de oportunidade. Até porque, quanto mais cedo sair do estado de resignação e do choque, mais fácil será substituir um estágio de esgotamento por uma nova estratégia, mais participativa e mais resolutiva. E esse é um caminho que só se trilha por dura experiência.

Finalmente, para sair da crise é importante ter um pensamento menos negativo. É impossível sair da crise se acreditar que não tem saída para ela. Excesso de negatividade se transforma em desânimo e depressão. Sobre isso, já enuncia um aforismo antigo: "*Os pensamentos são isentos de impostos. Mas acabamos tendo problemas do mesmo jeito*".

PASSEAR COM
AS PALAVRAS

Gosto de contar histórias como quem faz uma fotografia, e nela coloca a sua alma para interpretar a realidade. Recentemente escutei de alguém que gosta de como escrevo, que eu passeio com as palavras. Acho que deve ser mesmo esse o meu sentido de escrever: compartilhar momentos da vida que desejo contar porque representam sentimentos, percepções e observações sobre a realidade que sinto e vejo no mundo que me rodeia.

As fotografias me encantam, em especial as que expressam todos os aspectos da experiência humana e toda a vida que está em seus extremos. As fotografias que gritam contra a opressão e a desigualdade, mas que representam também a esperança de dar voz aos que não são escutados, como também aquelas que revelam a vida em seus melhores momentos de amor, poesia, liberdade, esperança e oportunidade.

Quando escutei do leitor que eu passeio com as palavras, a lembrança que tive não foi de um romance ou de uma poesia, mas de uma exposição de fotografias que passou por mim numa caminhada que fiz no Parque Chapultepec, na Cidade do México.

Ninguém precisava ir ao museu para conhecer a história da gente mexicana, porque ela estava contada em grandes painéis de fotografias fixados ao longo da calçada externa do imenso parque. E à medida que eu avançava no passeio, me enchia do espírito daquela gente que saltava ao meu encontro das fotografias que me acompanhavam na caminhada.

Fizeram, inclusive, um concurso nacional, e no mesmo passeio do enorme Chapultepec expuseram as fotografias vencedoras do concurso que melhor expressavam a riqueza daquela terra e da sua humanidade.

Achei aquela uma viagem extraordinária. E me cativou muito esse aspecto de a arte, mesmo nos museus, não estar sempre dentro das salas, mas aberta aos pátios, internos e externos, em seus corredores pintados com enormes painéis assinados, entre outros, por Diego Rivera.

Na visita que fiz ao Palácio Nacional, dei de cara com outro projeto muito interessante. Chamaram-no de "Arte para la nación", e merece ser copiado. Parece que o México foi um país pioneiro em oferecer aos seus mais renomados artistas plásticos a alternativa de pagar seus impostos com suas telas e esculturas. E esse enorme acervo de valiosas obras de arte contemporâneas é exposto para visitação em espaços públicos importantes das mais diversas cidades mexicanas.

A força da cultura se expressa também nos sabores apimentados e na tequila que, quando usada para fazer a "marguerita", não fossem o sal e o cointreau adicionados, se assemelharia à nossa caipirinha. Chamou-me atenção também a vaidade dos homens com seus sapatos. Encontrei inúmeros engraxates espalhados pelas zonas mais pobres e mais ricas da cidade. Reparei que estavam sempre trabalhando, muito ocupados.

Achei interessante que os homens mexicanos expressem sua vaidade através do brilho de seus sapatos. Eu mesma sempre invejei quem pode se equilibrar do alto de elegantes scarpins pretos, mas minha vaidade com sapatos eu gastei-a toda na juventude.

Eu bem que podia ter curado meus pés chatos com botas ortopédicas, mas minha exigência de ter um par de cada cor não se encaixava em nosso orçamento doméstico da época. É por isso que hoje arrasto feliz as minhas melissas confortáveis que, se não me dão um ar de mulher fatal, me permitem ser andarilha de longas jornadas.

PÓS-VERDADE E
NEOFASCISMO

Roger Waters, em recente show no Brasil, fez bem em associar o #Elenão à denúncia de que o neofascismo está crescendo no mundo: Nos EUA – *Trump*; na Hungria – *Orbän*; na França – *Le Pen* (...); no Brasil – Bolsonaro. E ele foi vaiado e aplaudido por isso.

O que ele quis dizer é que Bolsonaro não é causa, mas sintoma de uma patologia global a que se dá o nome de pós-verdade, e que encontrou nas campanhas pelo *Brexit* e pela eleição do *Trump* o auge de sua ressonância no mundo.

E o crescimento do neofascismo no mundo vem associado ao que se convencionou chamar, em especial a partir de 2016, da era da "pós-verdade", que anuncia uma onda de populismo ameaçador em que a prática da política passou a ser um jogo de soma zero, isto é, para algumas pessoas ganharem outras têm necessariamente de perder, ao invés de uma disputa entre ideias.

É nesse contexto global que se verifica o desmoronamento do valor da verdade, porque para se derrubar o adversário/inimigo não se debate ideias, mas se dissemina mentiras e falsidades. De acordo com o site *PolitiFact*, que checa informações e é ganhador do Prêmio *Pulitzer*, 69% das declarações de *Trump* são "predominantemente falsas", "falsas" ou "mentirosas". No Reino Unido, o *Brexit* venceu com *slogans* que eram comprovadamente não verdadeiros ou enganosos, mas, por outro lado, comprovadamente ressonantes.

Em 2016, o *Oxford Dictionaries* escolheu a palavra "pós-verdade" como sua palavra do ano, definindo-a para associá-la a "circunstâncias em que os fatos objetivos são menos influentes em formar a opinião pública do que os apelos à emoção e à crença pessoal". Ou seja, o que importa não é a veracidade dos fatos, mas o impacto causado pela história narrada. Nas palavras de Matthew D´Ancona é "o triunfo do visceral sobre o racional, do enganosamente simples sobre o honestamente complexo". E o autor sintetiza: "O que acontece de novo agora não é a desonestidade dos políticos, mas a resposta do público em relação a isso: a indignação dá lugar à indiferença e, por fim, à conivência".

E essas mentiras são contadas com o objetivo de gerar confusão popular, ou seja, são um ataque coordenado e estratégico que tem como plano esconder a verdade, confundir o público e criar controvérsia onde essa não existia, justamente para afastar o debate de ideias e consagrar o abate do adversário/inimigo.

É claro que essas campanhas difamatórias e mentirosas encontram um prato cheio na tecnologia, que foi um motor muito importante e indispensável da pós-verdade. A *web*, as redes sociais e, mais especificamente no caso brasileiro, os grupos de *WhatsApp* consagram hoje o modo mais rápido e mais poderoso de espalhar uma mentira ou *"fake news"*.

Li, recentemente, na revista Fórum uma matéria em que se noticiava que do exterior, dois ativistas comandam a disseminação de *fake news* em grupos de *WhatsApp* pró Bolsonaro: "De Portugal e dos EUA, eles administram ao menos 50 grupos que atingem cerca de 10 mil pessoas no Brasil; " Daí elas replicam e acaba viralizando na rede de *WhatsApp*"".

E a conspiração e a negação são parte dessa dinâmica da pós-verdade, em que inclusive fatos incontestáveis são negados, até porque a força popular atribuída à conspiração não depende da evidência, mas do sentimento. Vejam que presenciamos uma negação à evidência histórica da ditadura que, inclusive para o presidente do STF, imbuído no espírito da pós-verdade, passou a denominá-la de "movimento".

Outra teoria da conspiração que no caso brasileiro tem impulsionado a pós-verdade é a de que o PT é comunista, e que se vencer as eleições instaurará aqui uma Venezuela, o que nega a evidência histórica da prática de um partido que governou o país por 13 anos, sem que jamais tenha implementado tal política entre nós, muito pelo contrário.

Concluo este artigo, revisitando Orwell que, em comentários esclarecedores a respeito do significado de sua obra 1984, afirmou: "A moral a ser tirada dessa perigosa situação de pesadelo é simples: Não deixe acontecer. Depende de você."

QUEM PAGA O PATO?

Eu só conheço duas formas de se diminuir desigualdades: ou através da receita ou através da despesa. Se queremos saber se um determinado país é mais ou menos justo com os seus cidadãos, precisamos analisar como ele arrecada a sua receita e como ele faz a sua despesa.

O Brasil é um país extremamente injusto, tanto na arrecadação de sua receita, como na efetivação de sua despesa. É injusto na forma como arrecada porque, entre outros graves problemas, a tributação onera muito mais o consumo do que a renda e o patrimônio, e na medida que onera mais o consumo, coloca todos os brasileiros na mesma vala comum, sem qualquer distinção de classe social, isso porque o imposto que eu pago sobre um pacote de feijão é o mesmo que paga um milionário e um desempregado.

Recentemente a ex-presidenta Dilma Rousseff fez, em debate na Suíça, uma autocrítica em relação às desonerações tributárias que autorizou em seu governo. Ela disse: "Eu acreditava que, se eu diminuísse impostos, eu teria um aumento de investimentos" (...) "Eu diminuí e me arrependo disso. No lugar de investir, eles (os empresários) aumentaram a margem de lucro".

E quando chegou a crise e, portanto, o momento de suspender as desonerações tributárias, o presidente da FIESP encomendou um pato amarelo gigante e colocou-o na Avenida Paulista, dizendo: "Eu não pago o pato".

Não me surpreende que empresários não queiram pagar o pato, porque isso acontece em todos os lugares do mundo. O que me espanta é a falta de "consciência de classe" dos contribuintes brasileiros. Eu ficava abismada quando via o tipo de pessoas que se associavam àquele pato amarelo da

FIESP, quando na verdade ao invés de associarem-se ao pato da FIESP elas deveriam se perguntar: Eu, quem?

Isso porque se o presidente da FIESP diz que não paga o pato, alguém vai ter que pagar esse pato sem a contribuição dele. Quem? Os consumidores, os assalariados, os aposentados...

O tributo deve ter uma função redistributiva. Isso quer dizer que ele deve ser usado como instrumento de diminuição de desigualdades, desde que o sistema tributário de um país tribute mais quem tem mais e menos quem tem menos. Essa luta é permanente em todo o mundo. Recentemente, o *Google* foi inquirido pelo Parlamento Britânico por seu planejamento fiscal agressivo, que fez com que recolhesse ao Reino Unido um valor irrisório de tributos quando relacionado ao tamanho de seus negócios e de suas receitas naqueles países. A sociedade britânica, através do Parlamento disse: *Google*, você também tem que pagar o pato da crise, porque parte da sua riqueza fomos nós, britânicos, quem geramos.

O Brasil é também bastante injusto na sua despesa. Costumo escutar com frequência pessoas dizerem-se revoltadas por pagarem impostos, porque recebem quase nada de retorno em serviços públicos. Realmente, muitos de nós não usamos o serviço público de saúde e de educação, por exemplo, porque recorremos ao serviço privado. Mas por ser o Brasil um país extremamente desigual, existe uma faixa majoritária da população nacional que apenas se socorre desses serviços, que não podem faltar. São pessoas que pagam impostos sobre o que consomem mas, em regra, não pagam impostos sobre a renda porque não têm renda. Mas não têm renda não por falta de mérito, mas por falta de emprego e de oportunidade na origem.

Sobre despesa pública, desigualdade e mérito, vou precisar de mais linhas para escrever no futuro.

RETRATOS

Quando vivi em Bolonha, na Itália, costumava decorar o número das árvores.

Cada árvore tinha seu número gravado numa placa indicativa fixada em cada tronco, e esses números eram seus registros civis devidamente catalogados na sede da prefeitura.

Gostava da ideia de que as árvores em Bolonha tinham um registro civil, e também uma ficha clínica onde estavam registradas as podas, as pestes e a altura de seu tronco com o passar dos anos.

Caminhava pela Vialle Aldini, que circundava o centro histórico, e me extasiava com aquele longo canteiro com árvores plantadas a cada lado, e que separava as duas faixas da larga avenida.

Eram árvores altas e esguias, e me acalmava muito acompanhar suas transformações ao longo das semanas que antecediam a mudança de estação.

Recordo-me de que Diogo chegou por lá na primavera e já do táxi, entre o aeroporto e a nossa casa, observou os pólens no ar. Eram tantos, que me perguntou surpreso: Mãe, como pode nevar em maio?

Ele nunca tinha visto flocos de neve, nem pólens, nem granizo, nem o espetáculo das folhas trocando de cores até caírem no chão. Em sua memória, existiam os dias de sol, os dias nublados e as ruidosas tempestades tropicais.

São lembranças que tenho num momento de nostalgia. Em que sinto saudades até da ansiedade que sofria pela espera do tempo das cerejas, do tempo dos aspargos e do tempo dos melões, quando estavam doces ao ponto de serem saboreados com o presunto de Parma.

E se não gostava tanto do mar sem ondas, contornado por uma nesga de areia escura; adorava contemplar a correnteza dos rios, com margens próximas sempre ligadas por pontes elegantes.

Gosto de viajar para observar e criar um álbum de retratos na memória, que sejam permanentes e que não se possam facilmente apagar.

Retratos que para mudar de filtro seja necessário melhorar a memória e olhar para dentro de si e então lembrar o colorido daquele entardecer ou de como fazia frio durante o passeio de bicicleta pelo parque.

Retratos que nos façam combater a nossa incivilidade diária de sujar as nossas praias e de poluir os nossos rios e mares.

Retratos que nos façam indignar contra a incivilidade dos que em escala global vergonhosamente trapaceiam, e usam a tecnologia para manipular dados de emissão de gazes poluentes.

Retratos que nos façam lembrar de que o bem e o belo existem e que amenizem o nosso desgosto de ver a humanidade chafurdar em tanta iniquidade e em tamanha porqueira.

REVELAÇÃO

Se me escutas, quero que saibas que sinto saudades.

Foi um tempo escuro, o que vivemos Mas cada vez que te encontrava era um pedaço meu que eu achava, escondido debaixo dos entulhos.

Gostava quando te levantavas e me socorrias com lenços de papel. Um gesto gentil, como o de dividir o mesmo guarda-chuva.

Quando todos queriam falar, falar, falar... Eu gostava dos teus silêncios e do teu sorriso dócil.

Em tua companhia, eu me sentia em casa. Lamento que depois tenha havido um estranhamento entre nós. Mas mesmo nos piores enganos, eu nunca deixei de confiar que tudo ficaria bem.

Não contavas que eu também te observava com meus olhos atentos: treinados e astutos. E que percebia em tuas palavras e em teus silêncios muito mais do que podias dizer: "É que o amor, quando se revela/ não se pode revelar/ Sabe bem olhar p'ra ela/ mas não lhe sabe falar".

E como essas "Quadras" de Fernando Pessoa enquadram bem a nossa história... Eu que falava, mentia; tu que calavas, esquecias. Ambos perdidos no medo da incômoda descoberta.

É por isso que tanto tempo depois, quando te procurei, tua primeira pergunta foi: Por que voltaste?

– "Mas quem sente muito, cala;/ Quem quer dizer quanto sente/ Fica sem alma nem fala/ Fica só, inteiramente."

Hoje decido fazer-te essa revelação, que não arrisco te falar, que nem gosto de lembrar, pois é como um fado que canta em mim... como uma triste canção!

– "Mas se isto puder contar-lhe / O que não lhe ouso contar, /Já não terei que falar-lhe/ Porque lhe estou a falar..."

REVISITANDO
AS FANTASIAS

Nesse carnaval fiz o cortejo da rainha pelas ladeiras de Olinda. *Elizabeth II* mostrou ser uma grande foliã e, no sábado de Zé Pereira concordou em fantasiar-se de palhaço para acompanhar o desfile do Galo, junto com o nosso grupo.

Como tinha marcado com *Trump* um encontro no alto da Sé de Olinda, no domingo preferiu vestir-se de sobriedade, e seguiu conosco em um vestido longo de renda rosa chá, mangas compridas e chapéu combinando, além de bolsa preta e sapato social. Posso dizer que a rainha é pop e cheia de estilo. Fina, realmente muito fina.

Me disse que tem escutado a voz dos britânicos contra os gastos da realeza e, por isso, trouxe apenas dois membros de sua guarda real. Achamos por bem melhorar sua comitiva e convidamos umas figuras ilustres para acompanhá-la no cortejo. Do além vieram *John Lennon* e *George Harrison*. Os *Beatles* só não estavam completos porque *Ringo* avisou de última hora que não vinha. *Amy Winehouse* tinha a função de entoar um "*no, no, no*" sempre que nos perguntavam: "*Do you speak english?*" Mas eu senti que a rainha gostou mesmo foi do *James Bond*, algumas vezes confundido com seu mordomo, pela taça de Campari que trazia, outras com seu segurança, pela *Walther PPK* – a pistola com que também lhe protegia.

Como o Brasil ainda é bom de mistura, levei uma amiga de São Paulo vestida de índia e grafitei um Fora Temer, que não podia faltar no grupo, na minha regata prata que coloquei por dentro de uma saia vermelha de lantejoulas. Com uma papoula encarnada na cabeça, enfeitando um aplique sucesso que coloquei no cabelo, desfilei minhas mechas californianas entre os super-heróis do domingo.

Como acontece com frequência no carnaval, o grupo meio que se desgarrou depois dos primeiros dias. Soube que a rainha decidiu descansar na segunda-feira e satisfazer seu desejo de comer as comidinhas locais como o mungunzá, o pirão, o caldinho de feijão e tudo que é bom para curar ressaca. Na terça, pasmem, repetiu a fantasia de palhaço e foi assistir ao show de Elba e de Alceu, no Recife Antigo.

Soube que se impressionou com a catarse dos populares gritando contra o governo Temer nos quatro cantos por onde andou em sua visita, e morreu de rir quando traduzimos para ela os dizeres gravados em uma camisa: "Pode me beijar que eu não sou golpista".

Já tendo feito muito a corte nos dois primeiros dias, segunda e terça me misturei com a massa suada dos blocos de Olinda. Botei um penacho na cabeça na segunda-feira e na terça fantasiei as escamas e dentes de um dragão desenhados com delineador no meu rosto, para sair no bloco Eu Acho é pouco, em Olinda. Uma pena que era tanta gente, para tão pouca música!

E hoje, Quarta-Feira de Cinzas, chegou a hora de despir a realeza de momo e deixar de lado as fantasias. Entretanto, não consegui parar ainda de rir. Desta vez da Rede Globo, que com atraso de quatro dias deu notícia dormida e assumiu oficialmente a verdade e a intensidade dos protestos nacionais contrários a Temer, no Brasil. Hora de desejar, de fato: Feliz Ano Novo, Diretas Já e Fora Temer, para o bem do nosso país.

ROSA

Quando nasceu, recebeu o nome de Rosa. Foi criada com amor e ternura e teve uma infância feliz, entre pés de tamarindo e azeitonas roxas, que roía até os dentes ganharem uma cor fúnebre.

Abria escala, virava bunda canastra e era das que sustentava por mais tempo o bambolê na cintura. E adorava o Carnaval! Naquela época em que ainda se brincavam as matinês e se usavam as fantasias de papel; ou quando se passava a folia na praia, comprando raspa-raspa com o dinheiro da 'alauça' e molhando os banhistas com a água que saía daquelas bombas domésticas, feitas com tubos de PVC e adaptadas para fazer a alegria da festa.

Cresceu Rosa, bela e charmosa. Nos reencontramos esse ano, em Olinda, num sábado de Carnaval. Tinha os cabelos longos, puxados para trás numa trança, e os prendia com uma tiara de cravinas brancas. Vestia uma saia com babados de papoulas e cobria o busto com duas vitórias régias que a vestiam como um tomara que caia, preso nas costas com fios entrançados de cipó dourado.

Enfeitava as orelhas com brincos de princesa e no pescoço tinha amarrada uma gargantilha de hera. Em cada anular, levava uma flor de dália.

Sentou-se no meio-fio, entre uma troça e outra, e me contou a sua história. Apesar de ser Rosa, era amiga das margaridas e das camélias e, exatamente por isso, não frequentava os banquetes ornados com tulipas e lírios perfumados.

Tinha os pés fincados no chão como duas rochas, mas seu pensamento era tão elevado como os mais antigos dos galhos que ganhavam o céu, balançavam com os ventos, mas não quebravam mesmo nas piores tempestades.

Me disse ainda que não tinha plantado sua alma na terra. Não guardava a sua alma, nem a escondia; muito menos a enterrava em solo infértil. Preferia deixá-la livre, como um pólen que passeia e rodopia no ar, até encontrar a sua morada.

Preferia deixar-se livre para florescer em um jardim. Enquanto isso, caminha na companhia dos antúrios, espalhando amor por onde passa.

SAUDADES DAS CARTAS DE AMOR

Comecei o ano de 2017 com saudades das cartas de amor. Aquelas mesmas que Fernando Pessoa dizia que não seriam cartas de amor se não fossem ridículas.

Comecei o ano de 2017 com saudades da boa música, e de quando os réveillons eram um passeio por todos os nossos melhores ritmos.

Rompi o ano numa praia, entre a família e amigos, depois de um lindo dia de sol, mar e piscina. O que observei é que a cada ano que passa o espetáculo de fogos melhora, mas a orquestra toca cada vez piores músicas, e todos adoram! Ou seja, comecei o ano constatando que também sou minoria na música.

A poesia que escutei na virada foi: " A gente briga e separa / A gente separa e volta / Eu levo tapa na cara / Eu que apanho e ela chora" ou "Eu vou dar virote, eu vou dar virote/ Eu sou patrão tô estourado e essa vida é pra quem pode/ Eu vou dar virote, eu vou dar virote/ E pode chamar o Samu/ Que hoje eu vou tomar glicose".

Eu tenho uma grande capacidade de abstrair-me, como quem sonha acordada, mas com essa música é impossível. Tive a ideia de olhar as fotos publicadas no Instagram, com a esperança de ver coisas belas, que nada... Logo vi a notícia do atirador que invadiu a boate em Istambul e matou 39 pessoas e a tragédia de Campinas: um homem que mata a ex-mulher, o filho, mais 10 pessoas e em seguida se suicida.

No dia primeiro, eu li nos jornais que ele deixou uma carta ao filho que, entretanto, matou antes de suicidar-se. Depois que li essa carta é que eu tive saudades das cartas de amor!

E imaginei o que escreveria para o meu filho, se soubesse que morreria... E lembrei-me da frase linda escrita por Tia

Luizinha para meu primo Jean, seu filho mais jovem: "Sê um homem bom!".

Esse pai assassino escreveu para o filho: "No Brasil, crianças adquirem microcefalia e morrem por corrupção, (...) muitas pessoas pobres morrem no chão de hospitais para manter políticos na riqueza e poder! Eu morro por justiça, dignidade, honra e pelo meu direito de ser pai! A vadia foi ardilosa e inspirou outras vadias a fazer o mesmo com os filhos, agora os pais quem irão se inspirar e acabar com as famílias das vadias".

Aí só existe muito ódio. E o mais grave é que encontramos todo esse ódio facilmente por aí.

Eu acho que precisamos ensinar os nossos filhos a escreverem cartas de amor. Quem sabe se procurando ensiná-los a escrever cartas de amor não voltamos todos nós a escrevermos cartas de amor, também. De repente, espalhando cartas ridículas, mas de amor, por aí, diminuímos um pouco esse ódio reinante e voltamos também a cantar o amor. Em 2017, precisamos com urgência voltar a cantar o amor e a escrever cartas ridículas de amor! Se não conseguirmos diminuir o ódio, pelo menos sofisticaremos as nossas músicas e valorizaremos as nossas relações afetivas.

SEJAMOS TODOS
FEMINISTAS

Além de *impeachment* e *coup* (golpe), de que temos escutado falar muito ultimamente, gostaria de apresentar aos leitores uma outra palavra inglesa, no caso um adjetivo: *flawless*. Além de ser o nome de uma música de *Beyoncè*, *flawless* é a melhor palavra inglesa para definir a imagem que a Revista Veja quis transmitir de Marcela Temer, esposa do vice-presidente: sem defeitos, impecável e perfeita. Melhor dizendo: bela, recatada e do lar.

Na música *Flawless*, *Beyoncè* fez rodar o mundo as ideias feministas da escritora nigeriana *Chimamanda Ngozi Adichie*, que oferece uma definição original do feminismo para o século XXI. Li o seu livro que, no Brasil, tem como título Sejamos Todos Feministas, e foi publicado, em 2014, pela Companhia das Letras. Trata de um ensaio muito pessoal em que a escritora chama a atenção para o perigo dos estereótipos, que limitam e cristalizam o nosso modo de pensar.

Já no primeiro capítulo, a autora se auto define: sou uma "feminista feliz e africana que não odeia homens, e que gosta de usar batom e salto alto para si mesma, e não para os homens". E segue contando diversas passagens de sua vida, entre a Nigéria e os Estados Unidos, para exemplificar as injustiças cometidas por uma questão de gênero e experimentadas, ainda hoje, por mulheres de todo o mundo.

E ela é enfática quanto ao que entende ser o ponto de partida: "Devemos mudar o que ensinamos às nossas filhas. Devemos mudar também o que ensinamos aos nossos filhos". Sobre as meninas, ela diz: "Ensinamos a se diminuírem, a fazerem-se pequenas. Dizemos às meninas: Podem ser ambiciosas, mas não tanto. Podem querer ter sucesso, mas não tanto, porque senão ameaçam o homem". Vai além: "Nós criamos as garotas e estimulamos a competição entre elas, não por empregos ou por conquistas, o que eu penso que seria uma coisa boa, mas para competirem pela atenção do homem".

E para ser assim competitiva, além de ser bela, a mulher não pode expressar raiva. Deve ser recatada e pacata. Não se espera de uma mulher que expresse raiva, porque a raiva é ameaçadora. E ela não vai querer afugentar os homens. De outro lado, se os homens reagem com raiva, isso é visto com normalidade e é sinal de sua virilidade. E se espera da mulher, mesmo se trabalhar fora, que quando volte a casa seja a que mais se ocupa das questões domésticas e da criação dos filhos, no caso, que seja a mulher do lar.

E esse estereótipo perpetua o problema de gênero, porque prescreve como devemos ser ao invés de reconhecer como somos. E como *Beyoncè* e *Adichie*, eu também sou feminista: uma pessoa que acredita na igualdade social, política e econômica de ambos os sexos. E espero que se multipliquem as mulheres e os homens que reconhecem que existe, sim, uma desigualdade de gênero, e que devemos procurar resolvê-la. Todos nós devemos fazer o nosso melhor para construir um mundo de homens e mulheres mais felizes e mais fiéis a si mesmos.

SEXTO
SENTIDO

— Sempre me impressionam os olhos das corujas. Com essas palavras eu despertei esta manhã. Palavras ditas como um sopro, como quem segreda o recheio de um sonho. Você me dizia isso com voz de sono, aninhada em meus braços, pouco depois de acordar. Eu mal podia escutá-la, falando para mim em suspiros, ainda mais quando distraído eu estava vestindo em meu rosto os seus cabelos, amornando as mãos em seus seios e sentindo o torpor que vem junto com a intimidade do seu carinho.

— Sempre me impressionam os olhos das corujas! Você repetiu. Como se reclamasse a minha atenção. E minha atenção era toda sua, eu que tocava a sua pele e me deliciava com seus cheiros, também olhava as suas coxas que exibiam as carnes firmes bronzeadas do sol e despretensiosamente à mostra, para fora de nossas cobertas.

Mas você queria que eu fosse voz e ouvidos. E insistentemente repetia: — Sempre me impressionam os olhos das corujas.

E a repetição desta sua frase já quase me enlouquecia. Eu já era todo ouvidos, mas o que dizer, quando presentes os outros sentidos alguém de viés confessa que se impressiona com os olhos das corujas...

Na confusão de sensações que sentia e na urgência que tinha de ordenar o enredo, me encontrava atônito, procurando palavras que não conseguia inventar. Não sabia julgar se os olhos das corujas a impressionavam para o bem ou para o mal. Nunca antes tínhamos conversado sobre isso, não me recordo sequer de já ter reparado neles com atenção. Só me vinha à cabeça a imagem dos olhos redondos, despertos e abertos, acho que porque a coruja é uma ave notívaga e abre bem os olhos para assim aproximá-los da lua ou para facilitar a sua vigília ou para iluminar o seu caminho.

O que lhe dizer, então? - A mim também, querida, impressionam os olhos das corujas. Mas será que isso encerraria o assunto? Ou você, não satisfeita, quereria saber o porquê. Ou deveria logo eu perguntar-lhe: - Por que, querida, lhe impressionam os olhos das corujas? Ao que você certamente me indagaria, logo depois da sua resposta: – E a você, meu bem, também não impressionam?

Alguns minutos de reflexão já se passavam sem que eu decidisse o que dizer. Na verdade, não era o simples sentido da audição, não era simplesmente escutar um som, uma música, um grito, um gemido. Era escutar uma mulher e isso mais que um sentido é uma arte, que demanda um lirismo apropriado para a ocasião.

Se você tivesse me dito isso à noite, enquanto tomávamos vinho na varanda e falávamos de todas as coisas boas e leves e bobas, enquanto sorríamos com os nossos olhos se encontrando, eu teria elaborado muitas teorias e lhe falaria horas a fio sobre os impressionantes olhos das corujas.

Mas de manhã meu sexto sentido dizia que este único sentido que faltava e que você reclamava era capaz de tirar da cama todos os outros sentidos que perambulavam por lá com razão. E com toda a ternura que tinha, abri para você os meus melhores olhos de coruja, joguei para longe as cobertas, beijei com carinho a sua boca e sabiamente murmurei: – *querida, acordei hoje com tanto calor... Vamos falar das corujas no banho!*

TEMER GOVERNA PARA QUEM?

A BBC/Brasil, em 27/03, publicou artigo em que *Charles R. Johnston*, diretor global de assuntos governamentais do *Citigroup* – um dos maiores conglomerados bancários dos Estados Unidos, se rasga em elogios ao presidente: "Michel Temer é "um dos melhores políticos do Brasil" porque "tem coragem" para tocar reformas impopulares, apoia a venda de ativos públicos para investidores estrangeiros e tem boa relação com o Congresso para aprovar estas medidas". O interessante artigo se intitula: "Conselheiro informal do governo Temer, *Citi* promove privatizações brasileiras nos EUA".

As reformas impopulares louvadas pelo diretor global do *Citigroup* são todas contra os trabalhadores, os aposentados, os jovens, as mulheres e os pobres do Brasil, quais sejam: o congelamento do teto de gastos públicos para os próximos 20 anos, a precarização da relação de trabalho a partir da terceirização de mão de obra ampla e irrestrita, a reforma da previdência social, entre outras pérolas desse governo golpista.

O diretor global do *Citigroup* louva também a "coragem" de Temer de apoiar a venda de ativos públicos para investidores estrangeiros. O programa de privatizações do governo golpista pretende transferir áreas de mineração e exploração de petróleo e gás (incluindo o pré-sal), usinas e empresas de energia, portos, ferrovias e outras áreas estratégicas nacionais para investidores privados estrangeiros. E adivinha quem patrocinará um encontro entre seus principais clientes e ministros brasileiros em Nova York, no mês que vem?

O diretor geral do *Citigroup* acha o máximo a boa relação do presidente com o Congresso para apoiar estas medidas e, com generosidade, minimiza: "Investigações sobre corrupção são sempre constrangedoras, mas acredito de coração que o governo está tentando acabar com a corrupção".

E eu acredito de coração que a máxima de *Wall Street* continua a mesma de sempre: Não existe almoço grátis nos Estados Unidos. E é claro que o consultor informal do governo Temer para assuntos de privatização de ativos públicos, no caso o *Citigroup*, presta assessoria ao governo para proteger os interesses do Banco, e não dos cidadãos brasileiros.

No caso do Brasil, sabemos que existem vários almoços grátis. E jantares, também, em churrascarias de carne importada, inclusive. Só que não somos convidados, a não ser para pagar a conta. E pagamos a conta dos almoços e jantares grátis, e também das comissões, do caixa 2, das propinas e do rombo nas contas públicas.

É mesmo muito interessante que um presidente que tem menos de 10% de aprovação popular receba tantos elogios de representantes do setor financeiro internacional. A pergunta que não quer calar: Temer governa para quem, mesmo?

TODAS ELAS,
PARA VOCÊ

Quanta desordem na casa. Agora mesmo reparo nas manchas brancas carimbadas pelos meus pés no *kilim* da sala. Tudo é pura poeira de gesso que se espalha na casa feito saudade e se acumula nas mais escondidas reentrâncias.

O corredor do apartamento é estreito e longo. De piso, teto e paredes brancos. Nunca pensei que o branco no branco aparecesse tanto! Mas o que mais vejo no corredor de piso, parede e teto brancos é o branco da poeira no chão, como o açúcar em pó que Maria usa para confeitar seus bolos na cozinha da casa.

Acho que é porque gosto tanto do Natal que quero a casa bonita nessa época do ano. E caio nessa agonia de o tempo não bastar, como me prometeram.

Aqui da sala vejo as paredes bem alvas, recém visitadas por tinta fresca. E janelas, muitas janelas. É certo que quase não vejo paredes na sala, mas as poucas paredes da sala estão alvas, muito alvas.

As cortinas, tirei-as das janelas. Estavam todas como aqueles pés de meninos felizes, que brincam descalços. Os seus tecidos mostravam as sombras engorduradas do tempo de uso.

Gostei muito da casa sem cortinas. Dependendo de onde eu esteja me sinto como num navio, que ora avança no mar ora o alcança, saindo da praia. A sensação de pertencer ao mar habita em mim desde sempre, mas tirar as cortinas das janelas da sala para levá-las à lavanderia foi como abrir meus olhos sem jamais fechá-los.

Sinto muita falta da moça do quadro que exibe seu bronzeado no contraste da pele escura com o biquíni branco que veste. Tem umas coxas grossas e firmes e gargalha tão alto que sua cabeça se angula para trás como se estivesse prestes a tombar com o peso do entusiasmo da moça.

Lembro que foi o primeiro quadro que comprei para a casa. Depois encomendei uns coqueiros, para que a ela fizessem sombra. Duas ausências que me incomodam, mas cujas faltas suporto por saber que assim se protegem melhor da poeira.

Já vivo aqui há tantos anos e foram algumas as reformas que fiz, ora pequenas, ora maiores, porque a minha casa tem que acompanhar as minhas íntimas metamorfoses e mudar para acomodar as minhas novas realidades. Mas é substancialmente a mesma casa de sempre.

Acho que nunca contei um sonho que tive. Já faz alguns anos. Enquanto dormia, sonhei que o interfone tocava. Levantei e fui atendê-lo. É claro que não era o mar que falava, mas eu sabia que o interfone tocava porque ele queria entrar, e eu deixei.

Me recordo do meu espanto no sonho cheio de incredulidade quando vi aquela onda imensa de água salgada entrando pela varanda do apartamento. E eu em pé, imóvel, como quem aguarda um tiro de peito aberto. A água do mar inundou toda a casa. Saiu lavando tudo, mas não encharcava nada; nem tirava nada do lugar. A água simplesmente entrava com força na casa e nada arrastava consigo; sua força consistia em lavar a alma da casa, sem tirar as coisas do lugar.

Esse foi um sonho de liberdade. E me recordo dele muitas vezes como agora que o conto para você. Penso nessas águas do mar que consenti entrarem pela minha sala e espero que essas mesmas águas que lavaram com sal a alma da minha casa, levem embora essas palavras que escrevo com destino certo: todas elas, para você.

UM BREVE CONTO
DE ANO NOVO

— *Venha, sente aqui*. Ela me dizia isso enquanto batia com a mão espalmada no assento ao seu lado, do banco da praça. Parecia ofegante, ainda. Procurando descanso para o corpo cansado que, pequeno, cabia bem na tábua estreita do banco, velho e desconfortável. A noite era fresca e a praça escura, com poucas luzes amarelas que rompiam dos vidros das cúpulas dos antigos postes, espalhados pela calçada da praça.

Seus cabelos castanhos se confundiam com a noite e emolduravam seu rosto jovem como a escuridão, que ressalta a lua. Seus olhos eram tão felizes que iluminavam meu caminho como dois abajures acesos, na penumbra de um quarto. Gravei na memória aquela cena como uma canção de que se gosta, e que de tanto escutar, se decora. Ela me chamava para sentar-me ao seu lado, enquanto sorria. E com o seu sorriso, distribuía a promessa de dias tranquilos. Sorria com o calor de quem abraça, e me chamava para sentar-me ao seu lado.

- *Venha, sente aqui* ,me dizia, enquanto nos afastávamos. E na memória revejo essa cena inúmeras vezes. Ainda hoje parece tudo tão confuso que não sei se era eu que me afastava ou se era aquele banco que se evaporava como bruma na escuridão, junto com a voz dela que, já quase imperceptível, me chamava para sentar-me ao seu lado. Quanta vida se passou antes de eu voltar àquela praça…

É o que faço hoje: volto àquele banco da praça. Mas hoje sou eu que chamo: – *Venha, sente aqui*. E vejo aquela velha cena se construindo como uma nova história. Estendo a mão para conduzi-la a sentar-se ao meu lado. E aquela promessa de dias tranquilos, hoje, é o meu sorriso que lhe oferece. E os meus olhos são duas estrelas guias, não dois abajures que se possam apagar, já que ainda brilham mesmo depois de tantas desilusões e cansaços.

– *Venha, sente aqui,* eu faço esse convite como uma promessa de dias melhores para um ano novo que começa.

– *Venha, sente aqui.*

E vou reescrevendo aquela cena para no futuro lembrar-me não mais de uma saudade, mas de um beijo bom, dado em câmera lenta: suave, molhado e demorado.

UM MAR DE
SARGAÇOS

Viver no Brasil hoje é como mergulhar num mar de sargaços. Existe coisa mais incômoda de que mergulhar num mar de sargaços? Existe coisa mais incômoda de que viver no Brasil hoje?

Quem foi à praia de Boa Viagem domingo sabe bem de que estou falando. Já não gosto do sargaço quando forma aquele caminho de algas na areia, muito menos ainda quando forma uma massa flutuante de algas dentro d´água.

Tenho medo de pisar nas algas porque nunca se sabe o que elas escondem dentro de seu emaranhado e, se mergulhamos no mar, o sargaço entra no biquíni, se enrosca no cabelo, gruda na pele e de espelho do céu, o mar vira sombra escura e viscosa. E que mau cheiro!

Viver no Brasil hoje é como mergulhar num mar de sargaços. Como disse o escritor Raduan Nassar, no recebimento do prêmio Camões de literatura: "Infelizmente, nada é tão azul no nosso Brasil. Vivemos tempos sombrios. Muito sombrios".

Tem coisa mais incômoda de que um candidato a ministro da Corte Suprema plagiador, truculento e servil aos interesses daqueles que agora o sabatinam e que amanhã por ele serão julgados?

Tem coisa mais incômoda de que um Supremo que julga com dois pesos e duas medidas, e que dias atrás legitimou a concessão de foro privilegiado a um político citado mais de trinta vezes em uma delação premiada da Lava Jato?

Tem coisa mais incômoda de que um presidente golpista, com um índice de reprovação de 62%, cujo boneco gigante não vai sair no carnaval de Olinda por receio de que seja surrado pelos foliões?

E um ministro da cultura que dá piti num prêmio internacional, desrespeita o momento do agraciado e diante das vaias, dispara: " Esse histrionismo oposicionista evidentemente tem seus dias contados".

Nem a primeira-dama se salva! De bela, recatada e do lar mostrou também o seu lado "mar de sargaços", e se envolveu numa história esquisita de fotos, vídeos e conversas impublicáveis.

Até o presidente do Banco Mundial está incomodado. No programa Noite Total, da Rádio Globo e CBN, *Jim Yong Kim* lamenta esse mar de sargaços em que o Brasil se transformou: "É a primeira vez que vejo um governo destruir o que está dando certo. Nós do Banco Mundial, o G8 e a ONU recomendamos os programas sociais brasileiros para dezenas de países, tendo em vista os milhões de pobres brasileiros que saíram da extrema pobreza nos governos anteriores a esse".

Li que a apanha do sargaço é uma atividade secular que consiste em recolher os sargaços do mar para utilizá-los como fertilizantes nos campos agrícolas. Acontece que os fertilizantes, não obstante o seu mérito na agricultura, podem causar poluição de solos e cursos d´água. Logo pensei em nós, brasileiros, apanhando os sargaços do mar sujo da política, para jogá-los na lata de lixo da História.

VALE TUDO

O vale tudo, definitivamente, instalou-se no direito em nosso país. O que já era terrível na política brasileira, agora contamina a nossa justiça: o jeitinho, os acordões, os conchavos, tudo sem nenhuma cerimônia. Muito pelo contrário: à vista de todos.

O direito? O direito não importa. Importa o que os juízes dizem.

O direito? O direito não importa. Importa a opinião pública.

E, convenhamos, tanto a interpretação dos juízes como a opinião pública estão longes da ideia de independência. Os juízes porque não se sentem mais sujeitos à lei e às provas, e porque trocaram a sua consciência pela sua ideologia, e a opinião pública porque a sua memória histórica é cada dia mais distorcida pelas manipulações da mídia.

E passamos a lidar com o desvalor da lei. A lei virou oportunidade. Vamos aplicá-la quando ela for útil. Quando ela não for útil, sempre podemos interpretá-la de modo diverso, afinal. O mesmo vale para a Constituição.

Decidi escrever um pouco sobre esse tema porque nos últimos dias tive uma vontade irrefreável de reler a Revolução dos Bichos, do escritor *George Orwell*. Sabemos que o livro foi escrito na época da Guerra fria, entendido como sátira ao sistema comunista, mas que transcende o seu marco histórico e é visto como uma extraordinária fábula sobre o poder, produzida pela literatura.

Já li essa fábula algumas vezes, em diferentes momentos de minha vida. Mas o que mais me impressionou nessa última releitura é que associei alguns dos bichos da granja a figurões de nossa justiça. Não espanta a ninguém associar-se o porco Napoleão a Stalin ou Trotsky a Bola de Neve. Também não espantaria fazer uma associação similar com alguns de nossos políticos.

Mas nessa minha nova leitura, vi o poder da granja nas mãos de alguns de nossos ilustres magistrados e nós, o povo, éramos o restante dos bichos. Nessa minha nova leitura os inimigos, de duas pernas, como o Sr. Jones, antigo dono da Granja, era a política, ou melhor, os políticos, devidamente enxotados da granja.

E a máxima "quatro pernas bom, duas pernas ruim", parecia separar o direito da política, quando na verdade, antecipando o fim do livro: "Doze vozes gritavam, cheias de ódio, e eram todas iguais. Não havia dúvida, agora, quanto ao que sucedera à fisionomia dos porcos. As criaturas de fora olhavam de um porco para um homem, de um homem para um porco e de um porco para um homem outra vez; mas já era impossível distinguir quem era homem, quem era porco."

VIAGEM
LITERÁRIA

Eu gosto de ler. Jornais, revistas, artigos acadêmicos, mas acima de tudo eu gosto de ler ficção, prosa e poesia. E eu gosto de ler ficção porque adoro viajar. Viver em um mundo imaginário, que acontece em paralelo, ir conhecendo aos poucos os cenários e os personagens que nunca se descortinam por completo, e que por isso preservam um sentido de fantasia que me ajuda a encarar com mais leveza a realidade.

Todas as segundas, almoçamos em família. E quase sempre temos algum convidado para o almoço. Foi num desses almoços que encontrei um primo que trabalha e reside em Brasília. Estávamos à mesa quando ele nos contou, determinado, o seu projeto: – Quero gozar um ano sabático e fazer uma volta ao mundo em oitenta dias. É claro que adorei a ideia!

Imagino que trabalhando e residindo em Brasília já há tantos anos, ele precise muito gozar um ano sabático... Mas o que invejei mesmo foi o seu projeto de fazer uma volta ao mundo em oitenta dias! – Uma parte dessa viagem precisa ser pelo mar e outra em cima de um elefante, fui logo dizendo, para lembrá-lo de que sua ideia era roubada de *Júlio Verne*.

E comecei a imaginar as infinitas aventuras, já vividas por *Fogg* e *Passepartout*, em 1873, quando indo para o leste saíram de Londres para cumprir uma aposta de rodar o mundo em oitenta dias. Vejam só, o que *Verne* imaginou há mais de 140 anos atrás, continua sendo um desejo pessoal e também o assunto de um almoço em família. Extraordinário!

E essa ideia ficou em minha cabeça. Talvez porque nunca tivesse tido a ousadia de desejar dar a volta ao mundo em oitenta dias... Ou talvez porque, de imediato, lembrei um artigo jornalístico que li dias atrás: Viagem Literária: ao redor do mundo em 10 livros, de *Ann Morgan*.

A articulista do *The Guardian* passou um ano lendo um livro de cada país do mundo, 196 livros, no total, após o que elegeu os seus 10 livros favoritos, que melhor evocam os lugares que descrevem.

Como *Fogg* e *Passepartout*, *Ann Morgan* também completou a sua viagem. Em seu trajeto não foi perseguida pelo detetive *Fix*, e possivelmente não encontrou um amor, como *Fogg* encontrou *Aouda*, mas todos eles, com certeza, fizeram mais que ganhar uma aposta. Ganharam uma nova vida, ao final.

VOCÊ GOSTA DE COMIDA?

Tenho um amigo que a cada namorada nova, posta uma foto do prato que a conquistou, no *Instagram*. Sempre achei esse seu hábito curioso e devo dizer que eu fantasiava sobre que mulher estaria por trás do seu *steak au poivre* ou do seu camarão ao *thermidor*.

Comecei a pensar nesse assunto porque, sendo ítalo-brasileira, sempre escutei de minha avó que tinha "conquistado meu avô pela barriga". Minha avó cozinhava muito bem. Ainda lembro do *gnocchi* caseiro que preparava e das inúmeras camadas do bolo de rolo que unia com um doce caseiro de goiabas de seu quintal. Adorava quando, depois que o enrolava, cortava com a faca as duas beiradas e me dava, ainda quente, para lanchar.

Minha mãe aprendeu a cozinhar com ela. A mesa lá em casa está sempre bem posta, bela e farta. Minha mãe cozinha bem e come pouco. Acho que sempre satisfez a sua gula com os nossos elogios... Talvez tenha sido essa a única independência que me negou.

Minha mãe adora supermercados. Sempre que ligo lá para casa e me dizem que ela não está, já vão adiantando: Foi ao supermercado. Acho que vai lá todos os dias. E frequenta vários, além da feira de Casa Amarela. Já eu, gosto de colocar a mesa. Me agrada trocar os jogos americanos e ter sempre louças e talheres para variar. Mas não gosto do compromisso do supermercado. Termino fazendo as compras no shopping, pagando mais caro, mas com o prêmio de passear antes na livraria.

Numa dessas vezes que me distraía na livraria, conheci um rapaz que entabulou comigo uma conversa interessante. Terminou que nos sentamos para bater um papo descontraído. Lá para as tantas, decidimos levantar para escolher que livros levar.

Perto de onde estávamos tinha uma mesa onde se expunham grandes livros de culinária, pesados e de capa dura. Ele parou e começou a folheá-los, interessadamente. Eu parei ao seu lado, meio tensa.

Decidi que precisava falar alguma coisa. Aí eu disse, hesitante: — Você gosta de comida? Acho que ele achou a minha pergunta simplória, e me respondeu apenas com um aceno de cabeça, o que não deixou de me encorajar para a pergunta seguinte: — Mas você gosta de comer... ou de cozinhar? Ele me respondeu baixinho: – De comer, e continuou a falar, com alguma humildade: – mas eu cozinho também. Eu gostei tanto da resposta que não pude conter uma grande e alta exclamação: – Olha aííí!

Quando olho para ele, vejo que está concentrado no livro para poder conter o riso que queria sair. Ainda conseguiu me perguntar com alguma seriedade: – E você, cozinha? Lembrei logo que ele tinha dito que não bebia. Já definido, portanto, o permanente amigo da vez, achei por bem deixar definido também quem pilotaria o fogão: — Não, eu sou uma negação na cozinha... Mas como muito bem!

Acho que ele se divertiu com a minha sincera esperteza. O fato é que a conversa continuou ainda por um bom tempo, e ele me mostrou um razoável conhecimento literário. Escolhidos nossos livros, nos encontramos no caixa, para pagá-los. Vi que ele levou para casa o livro de um escritor estrangeiro, cujo nome não lembro, mas o título nunca esqueci: "Amor e Matemática".

Depois disso, a paquera não vingou e até hoje não sei se ele faz bem o arroz de polvo, que é o meu prato favorito. Antes de escrever essa crônica, procurei na *internet* a sinopse do livro que ele comprou: "Foi como o primeiro beijo. Foi mesmo esta a sensação que teve aos 17 anos, quando conseguiu solucionar, depois de três meses de trabalho duro, um problema matemático nunca antes resolvido".

A partir daí entendi que baseada num enredo desse, nossa história podia até ser boa de contar, mas não teria nunca um final feliz.

AS CRÔNICAS E SUAS PUBLICAÇÕES ORIGINAIS

A alegria é um camurim (Diário de Pernambuco, 04/02/2016)

A fofoca na sociedade de informação (Diário de Pernambuco, 28/03/2016)

A grande dama da Faculdade de Direito do Recife (Diário de Pernambuco, 21/08/2018)

A meta do Meirelles (Diário de Pernambuco, 09/03/2017)

A natureza das coisas (A natureza das coisas, 21/10/2016)

A propósito do machismo (Diário de Pernambuco, 06/06/2016)

A questão é: Quanto tempo? (Diário de Pernambuco, 25/01/2017)

Como sobreviver à semana passada? (Diário de Pernambuco, 21/06/2016)

Consenso e coerção na política (Diário de Pernambuco, 30/06/2016)

Do serão ao ártico (Jornal do Commercio, 05/08/2015)

É carnaval! (Diário de Pernambuco, 16/02/2017)

Epifania (Jornal do Commercio, 13/09/2015)

Escravidão mental (Diário de Pernambuco, 30/06/2017)

Eu sei que você vai voltar (Diário de Pernambuco, 13/04/2018)

Eu só abro a boca quando tenho certeza (Diário de Pernambuco, 20/09/2016)

Falar é preciso (Diário de Pernambuco, 15/08/2017)

Ideias perigosas (Diário de Pernambuco, 04/08/2016)

Livros subversivos (Diário de Pernambuco, 13/11/2015)

Lula é pop (Diário de Pernambuco, 07/09/2017)

Mãe e filha (Diário de Pernambuco, 14/05/2018)

Melhor não ir ao encontro (Diário de Pernambuco, 21/07/2016)

Memórias (Jornal do Commercio, 22/10/2015)

Mulheres e futebol (Diário de Pernambuco, 04/08/2018)

Não somos todos iguais (Diário de Pernambuco, 07/04/2016)

Natal magro (Diário de Pernambuco, 22/12/2016)
O Brasil de Bolsonaro (Diário de Pernambuco, 26/12/2018)
O Brasil não é um país sério (Diário de Pernambuco, 29/09/2016)
O de cima sobe e o de baixo desce (Diário de Pernambuco, 24/07/2017)
O direito de ser mulher (Diário de Pernambuco, 03/11/2016)
O golpe em versos (Diário de Pernambuco, 08/09/2016)
Ondas reacionárias (Diário de Pernambuco, 31/10/2017)
O país das degolas (Diário de Pernambuco, 17/11/2017)
O poder da água salgada (Diário de Pernambuco, 22/04/2017)
O realismo fantástico do golpe (Diário de Pernambuco, 26/07/2016)
O sonho da aposentadoria (Diário de Pernambuco, 11/10/2016)
Para sair da crise (Diário de Pernambuco, 31/10/2017)
Passear com as palavras (Diário de Pernambuco, 01/12/2016)
Pós-verdade e neofascismo (Diário de Pernambuco, 17/10/2018)
Quem paga o pato? (Diário de Pernambuco, 23/03/2017)
Retratos (Jornal do Commercio, 04/10/2015)
Revelação (Jornal do Commercio, 02/12/2015)
Revisitando as fantasias (Diário de Pernambuco, 03/03/2017)
Rosa (Diário de Pernambuco, 05/01/2016)
Saudades das cartas de amor (Diário de Pernambuco, 11/01/2017)
Sejamos todos feministas (Diário de Pernambuco, 25/04/2016)
Sexto sentido (Diário de Pernambuco, 27/02/2016)
Temer governa para quem? (Diário de Pernambuco, 05/04/2017)
Todas elas, para você (Diário de Pernambuco, 06/12/2017)
Um breve conto de ano novo (Diário de Pernambuco, 03/01/2017)
Um mar de sargaços (Diário de Pernambuco, 24/02/2017)
Vale tudo (Diário de Pernambuco, 08/12/2016)
Viagem literária (Diário de Pernambuco, 20/01/2016)
Você gosta de comida? (Diário de Pernambuco, 10/08/2016)

- editoraletramento
- editoraletramento
- grupoletramento
- editoraletramento.com.br
- company/grupoeditorialletramento
- contato@editoraletramento.com.br

- casadodireito.com
- casadodireitoed
- casadodireito

Grupo
Editorial
LETRAMENTO